Lotta und Luis
und die Weihnachtswerkstatt

BLB

Kirsten Brünjes

Lotta und Luis und die Weihnachtswerkstatt

Adventskalender-Geschichte

Lektorat: Daniela Radermacher
Coverbild: Anna Karina Birkenstock, Hennef
Umschlaggestaltung: Luba Ertel
Grafik auf Seite 102–103: Luba Ertel
Illustrationen: Georg Design, Münster,
www.georgdesign.de
Satz und Gestaltung: Breklumer Print-Service,
www.breklumer-print-service.com
Druck: Finidr, s.r.o., Tschechische Republik

ISBN 978-3-95568-373-3
Bestell-Nr. 71039

www.bibellesebund.net

1.
Dezember

„Ich hatte heute einen Taschenwärmer im Adventskalender! Den nehme ich gleich mit in die Schule. Guck mal, draußen schneit es schon wieder." Lotta wirbelt durch die Küche.

Sie tanzt am Fenster entlang und drückt ihren Finger an die Scheibe, wenn eine Schneeflocke daran kleben bleibt. Mama ist davon nicht so begeistert.

„Wenn du weiter so an der Scheibe rumschmierst, können wir nichts mehr von dem schönen Winterwetter sehen."

Doch Lotta ist einfach nur begeistert.

„Es schneit, es schneit, kommt alle aus dem Haus", singt sie vergnügt.

Luis kommt mit seinem Schulranzen in die Küche.

„Mama, ich brauche noch ein Teelicht, eine Klorolle und Geschenkpapier mit Weihnachten drauf."

Mama stellt Kakao auf den Tisch.

„Luis, du weißt genau, dass ich es nicht leiden kann, wenn ihr mir erst auf den letzten Drücker sagt, was ihr braucht. Wo soll ich denn so schnell eine leere Klorolle herbekommen? Teelichter habe ich und Geschenkpapier ist in dem Korb im Nähzimmer, da kannst du dir was aussuchen."

Luis verschwindet im Nähzimmer. Lotta rennt die Treppe rauf und kommt mit einer vollen Klorolle zurück. Sie setzt sich auf die unterste Treppenstufe, wickelt das Klopapier von der Rolle und faltet es zusammen. Dabei singt sie weiter Schneelieder.

„Leise rieselt der Schnee ..."

Als Luis zurückkommt, bewirft Lotta ihn mit einem Klopapierknäuel.

„Schneeballschlacht!"

Luis grinst und wirft zurück. Mama kommt in den Flur.

„Jetzt ist aber Schluss, Lotta. Erst schmierst du die Scheiben voll und dann schmeißt du mit Klopapier rum. Was soll denn das?"

Lotta schmollt.

„Ich freu mich halt über den Schnee und habe Luis geholfen, seine Sachen zusammenzusuchen. Das ist doch was Schönes, warum schimpfst du denn?"

Mama seufzt.

„Ja, es ist schön. Aber wer macht das nachher alles wieder sauber?"

„Ich!" Luis sammelt schnell das Klopapier und die leere Rolle ein. „Danke, Lotta!"

Dann spritzt er Glasreiniger auf das Fenster und wischt mit dem Klopapier darüber.

„Alles wieder in Ordnung. Wir können frühstücken."

Mama muss nun doch schmunzeln.

„Ihr seid schon ein tolles Team."

Lotta beißt in ihr Brötchen.

„Wir alle sind ein tolles Team, du bist die Frühstückmacherin und wir die Adventsbastelkram-Besorger und ich die Schneeliedsängerin."

Mama setzt sich zu den Kindern an den Tisch.

„Was musst du denn heute mit in die Schule nehmen, Lotta?"

„Die Milchverpackungen, die wir die letzten Wochen gesammelt haben. Und die fertige Tischlaterne, die wir zusammen gebastelt haben, nehme ich auch mit. So ähnliche wollen wir jetzt auch in der Schule machen. Frau Meyer-Schön sagt, wir basteln diese Woche jeden Morgen in der ersten Stunde und dazu hören wir eine Geschichte. Da freu ich mich drauf!" Lotta packt ein Brötchen und einen Apfel in ihre Brotdose.

Luis schaut auf die Küchenuhr.

„Komm, Lotta, wir müssen los!"

Kurz darauf stehen die Zwillinge auf dem Gehweg. Lotta knickt ihren Taschenwärmer und lässt ihn in die Manteltasche gleiten. Die beiden sind spät dran.

„Wollen wir die Abkürzung über die Wiese nehmen?", schlägt Luis vor.

Er kann es nicht leiden, zu spät zur Schule zu kommen. Lotta ist einverstanden und so stapfen sie über die Wiese. Lotta betrachtet die Spuren im frischen Schnee.

„Guck mal, da haben die Vögel ein Muster in den Schnee gemalt!"

„Und da ist jemand mit seinen Hunden spazieren gegangen, einem großen und einem kleinen", erkennt Luis.

Lotta lacht und zeigt auf einen Hundehaufen.

„Und da ist der Beweis!"

Sie laufen zügig weiter. Als die Schulglocke ertönt, rennen sie das letzte Stück bis zum Schulhof. Außer Atem und gerade noch rechtzeitig drängen sich Lotta und Luis mit den letzten Kindern durch die Tür in den Klassenraum.

2. Dezember

Frau Meyer-Schön sieht heute richtig fröhlich aus. Auf dem Lehrerpult stehen viele LED-Kerzen. Tannenzweige sind mit Weihnachtskugeln und bunten Figuren geschmückt.

„Guten Morgen, Kinder", beginnt Frau Meyer-Schön den Unterricht. „Heute starten wir in die Adventszeit. Ich freue mich sehr auf Weihnachten. Für mich persönlich ist da mein Retter geboren: Jesus. Er begleitet mich durch mein Leben. Es gibt ganz viele Situationen, in denen ich Hilfe brauche. Zum Beispiel habe ich mich am letzten Wochenende zu Hause ausgesperrt. Ich wollte nur schnell den Müll rausbringen und dann ist die Tür vom Wind zugefallen. Mein Mann und meine Kinder waren unterwegs und mein Handy war im Haus. Es war sehr kalt und ich habe Jesus im Gebet gefragt: ‚Und nun? Was soll ich tun? Kannst du mir helfen?' In dem Moment kam meine Nachbarin vom Einkaufen zurück. Ich habe ihr geholfen, die Taschen ins Haus zu tragen, und ihr von meinem Missgeschick berichtet. Sie hat für uns Kaffee gekocht und wir haben uns sehr gut unterhalten. Ich hatte es warm und gemütlich und sie konnte sich mal richtig aussprechen. Als mein Mann später zurückkam, konnte ich wieder ins Haus."

„Win-win-Situation", ruft Abdul in die Klasse.

Frau Meyer-Schön lacht. Sanja meldet sich.

„Aber ist das nicht einfach Zufall? Deine Nachbarin ist zufällig im richtigen Moment nach Hause gekommen!"

„Ja, oder Schicksal", meint Sophie, „irgendwie ist doch alles Schicksal, sagt meine Oma immer!"

Frau Meyer-Schön überlegt.

„Ich habe es als Hilfe von Gott gesehen und war ihm und meiner Nachbarin sehr dankbar. Meine eigentliche Rettung besteht aber darin: Ich glaube, dass Jesus der Sohn von Gott ist und an Weihnachten geboren wurde. An Ostern ist er für mich gestorben und wieder auferstanden, damit ich Gottes Freund sein kann. Mich begeistert, dass in der Bibel Jesus schon Hunderte Jahre vor seiner Geburt angekündigt wurde. Für mich ist das viel mehr als Zufall oder Schicksal."

„Wie angekündigt?", will Sanja wissen.

„Nun, in einem Buch der Bibel, das 700 Jahre vor der Geburt von Jesus geschrieben wurde, steht zum Beispiel: *‚Doch dir, Betlehem im Gebiet der Sippe Efrat, lässt der Herr sagen: So klein du bist unter den Städten in Juda, aus dir wird der künftige Herrscher über mein Volk Israel kommen. Sein Ursprung liegt in ferner Vergangenheit, in den Tagen der Urzeit.'* Das Buch wurde von dem Propheten Micha geschrieben. Der Geburtsort von Jesus war tatsächlich Betlehem, weil der König genau zu der Zeit, als Maria schwanger war, eine Volkszählung angeordnet hatte. Ohne diese Anordnung wäre Jesus in Nazaret geboren. Aber für die Zählung mussten sie nach Betlehem gehen, dem Geburtsort von Josef."

„Krass, dann hat Gott dem König gesagt, jetzt muss du deine Leute zählen, damit der Jesus da geboren wird, wo dieser Micha gesagt hat?" Abdul ist mächtig beeindruckt.

„Ich fürchte, der König hat gar nicht an Gott geglaubt", antwortet Frau Meyer-Schön. „Aber Gott wusste eben, dass diese Zählung stattfinden wird, und hat Micha dieses Wissen gegeben."

Abdul bekommt große Augen.

„Dann kann dein Jesus-Gott einfach so was über Leute bestimmen, auch wenn die gar nichts mit ihm zu tun haben? Dann ist der aber mächtig wichtig!"

Einige Kinder lachen über Abduls Worte. Frau Meyer-Schön schaut sehr ernst.

„Ja, Abdul. Das hast du genau richtig gesagt. Gott ist wirklich mächtig."

Für einen Moment ist es still in der Klasse. Frau Meyer-Schön schaltet eine Kerze auf dem Pult an und macht das Licht aus.

„Uhuhu, das ist aber dunkel!", ruft Aylin.

„Ja, heute ist es noch sehr dunkel mit nur einer leuchtenden Kerze auf dem Pult. Aber hier stehen noch 23 weitere Kerzen und jeden Tag mache ich eine mehr an. Damit wird es bis Weihnachten immer heller hier im Raum. Ich möchte euch jeden Morgen einen Gedanken mit in den Tag geben, der etwas mit Weihnachten zu tun hat. Heute ist es die Aussage von Abdul: Der Jesus-Gott ist mächtig wichtig!"

3.
Dezember

Nun dürfen die Kinder ihre Tischdekoration basteln. Lotta und Luis sitzen mit ihren Freunden Joschua, Sophie, Abdul und Aylin an einem Gruppentisch zusammen. Sie holen die mitgebrachten Sachen aus der Schultasche. Frau Meyer-Schön hat für jede Gruppe ein paar Bastelanleitungen für Lichttüten, Anhänger und kleine Päckchen ausgedruckt. Aylin hat eine weihnachtliche Tischdecke mitgebracht.

„Die legen wir mitten auf den Tisch."

„Und dann kommen meine Tannenzweige und Zapfen da drauf. Die hab ich gestern bei meinem Opa aus dem Wald geholt und die Zweige durfte ich alleine absägen. Ich geh jetzt sowieso ganz oft zu meinem Opa, weil ich mit ihm Weihnachtsgeschenke für meine Eltern und Tanten und Onkel mache", erzählt Joschua gut gelaunt.

Abdul schiebt Luis' Klorolle hin und her.

„Was machste denn da? Auch so Klo-Anhänger?" Abdul lacht. „Super cooles Geschenk: Klorolle und alte Milchtüte."

Joschua grinst.

„Nee, nichts aus Müll. Wir bauen was aus Holz. Für meine Mama will ich ein Schmuckkästchen bauen und für Papa eine Kiste mit Geheimfach für wichtige Sachen."

„Also, ich finde die Lichttüten aus den Milchpackungen schön. Guck mal, die hab ich schon zu Hause gemacht." Lotta holt die fertige Lichttüte aus ihrem Schulranzen.

Das Papier glänzt silbern. An einer Stelle ist es durchsichtig. Dort ist eine weiße Schneeflocke zu sehen. Das sieht überhaupt nicht mehr nach einer Milchtüte aus, sondern richtig schön.

Abdul nimmt die Tüte vorsichtig in die Hand.

„Die fänd meine Ma auch schön. Die ist echt aus Müll? Kann ich auch eine machen?"

Lotta nickt.

„Klar. Hier, ich hab ganz viele leere Milchtüten gesammelt und mitgebracht. Ich zeig dir, wie das geht. Und vor den Ferien dürfen wir doch die Deko mit nach Hause nehmen, dann kannst du eine Lichttüte deiner Mutter schenken."

Abdul schaut sich bei Lotta ab, wie man die Tüte kneten muss, damit sich die einzelnen Schichten voneinander lösen und das Material seine knautschige, silberne Optik bekommt. Joschua erzählt von seinem Opa:

„Der hat eine richtig große Werkstatt im Schuppen. Weil es so kalt ist, machen wir als Erstes immer den kleinen Holzofen an. Dann wird es ganz schnell warm. Auf dem Ofen schmelzen wir Fett und machen Vogelglocken draus. Davon hängen wir ein paar im Garten auf, sodass man sie vom Küchenfenster aus sieht. Den Rest darf ich zu Weihnachten verschenken. Dieses Jahr will ich auch ein Vogelhaus für meinen Patenonkel bauen. Das wird richtig schwierig, aber Opa hilft mir dabei. Ich hab auch schon mal Schmuck gemacht."

„Echten Schmuck? Wie hast du das denn gemacht?" Lotta ist beeindruckt.

„Also, du brauchst eine Form, zum Beispiel einen Eiswürfelbehälter. Da kann man kleine Muscheln oder Blumen reintun. Dann wird durchsichtiges Harz darübergegossen. Nun noch den Anhängerhaken reindrehen und fertig! Letztes Jahr hab ich für meine Mama eine Rose eingegossen. Das sah richtig toll aus."

Abdul knetet angestrengt seine Milchtüte.

„Das will ich auch machen. Kann ich mal mitkommen? Wir feiern zwar kein Weihnachten, weil wir Moslems sind. Aber wir haben auch das Schenken an Weihnachten eingeführt. Das ist Kultur in Deutschland, hat Papa gesagt. Viele Deutsche feiern Weihnachten auch ohne den Jesus-Gott von Frau Meyer-Schön."

Lotta stanzt Schneeflocken aus weißem Papier und streut sie über die Tannenzweige.

„Ich würde auch gerne Schmuck für Mama und Tante Josi machen. Joschua, kannst du mal fragen, ob wir alle kommen dürfen?"

„Ja, und jeder kann ja was von seinem Taschengeld mitbringen, damit dein Opa nicht alles alleine bezahlen muss. Ich möchte auch mitmachen", schlägt Sophie vor.

Joschua freut sich.

„Klar kann ich Opa fragen. Der hat eigentlich immer gern Besuch. Das erlaubt der bestimmt! Morgen sage ich euch Bescheid."

Die ganze Schulstunde sind die Freunde mit Schneiden, Kleben und Malen beschäftigt. Alle sind gespannt darauf, ob Joschuas Opa ihnen erlaubt, dass sie ihre Weihnachtsgeschenke bei ihm basteln und bauen dürfen.

„Das wird dann 'ne richtige Weihnachtswerkstatt!" Luis hofft, dass das klappt.

4. Dezember

Beim Mittagessen will Lotta wissen:

„Mama, wusstest du eigentlich, dass es in der Bibel Hellseher gibt?"

Mama verteilt gerade Nachtisch.

„Ich verstehe jetzt nicht genau, was du meinst, Lotta."

„Aylin hat mal gesagt, dass die auf so einem Burgfest waren, wo es einen Hellseher gab. Da konnte man hingehen und Geld bezahlen und dann hat der dir gesagt, was in deiner Zukunft passiert. Aylin ist aber nicht hingegangen, weil ihre Mama gesagt hat, das ist Quatsch und für Quatsch gibt sie kein Geld aus. Und Aylin sagt, die heißen Hellseher. Und Frau Meyer-Schön sagt, dass jemand in der Bibel 700 Jahre alt war und gesagt hat, dass Jesus geboren wird."

Luis hält gedankenverloren seinen Löffel vor den Mund.

„Also ich hab verstanden, dass jemand 700 Jahre vor Jesus' Geburt schon wusste, dass der geboren wird – nicht, dass der Mann so alt war."

Lotta wedelt mit einer Hand durch die Luft.

„Oder so, jedenfalls konnten die hellsehen."

Mama stellt die Nachtischschüssel auf den Tisch.

„Ach, so meinst du das. Ja, Aylins Mama hat ganz recht. Hellsehen ist nicht nur Quatsch, sondern kann auch gefährlich werden. Die Bibel sagt sogar, dass wir solche Hellseher meiden sollen. Menschen, die in der Bibel etwas über die Zukunft verkünden, nennt man Propheten. Der Begriff kommt aus dem Griechischen und bedeutet so viel wie ‚Sendbote'. Gott sendet die Propheten zu den Menschen, um ihnen eine Botschaft mitzuteilen. Diese Propheten können etwas in der Zukunft sehen, weil Gott die Zukunft kennt und ihnen einen kleinen Einblick schenkt. Das ist ungefähr so, als wenn ihr durchs Schlüsselloch schaut, wenn wir an Heiligabend das Wohnzimmer verschließen. Dann könnt ihr vielleicht ein kleines bisschen vom Weihnachtsbaum sehen. Aber ihr wisst nicht, welche Geschenke ihr bekommt und wie der ganze Baum aussieht. Ihr könnt nur den kleinen Ausschnitt erkennen. Propheten wie Micha und Jesaja haben Hunderte von Jahren vor Jesus gelebt. Diese Männer haben von Gott einen kleinen Einblick in die Zukunft bekommen. Sie wussten zum Beispiel den Geburtsort des Retters, etwas über Jesus' Mutter, dass er Wunder tun würde und sie haben seinen Tod und seine Auferstehung vorhergesagt."

Luis überlegt.

„Wenn das alles schon aufgeschrieben war, konnte dann nicht einfach irgendwer das machen, was die vorausgesagt haben? Ich meine, wenn jemand gerne so ein Retter sein wollte?"

„Es gibt über dreihundert Prophezeiungen über Jesus. Ich habe mal gelesen, dass es unmöglich ist, auch nur acht davon zu erfüllen, nur weil man das gerne möchte", erklärt Mama.

Lotta schiebt ihr Nachtischschälchen in die Mitte.

„Kann ich noch was? – Ist doch logisch. Frau Meyer-Schön hat gesagt, dass die Stadt profitiert wurde, in der Jesus geboren wird. Wie willste das denn machen, die Stadt aussuchen, wenn du noch gar nicht geboren bist?"

„Prophezeit, meinst du wohl. Aber wenn die Eltern das wollten?", hält Luis dagegen.

Mama lächelt.

„Es ist unmöglich, diese Vorhersagen einzuhalten. Selbst wenn die Eltern und Geschwister dabei helfen würden. Es geht dabei ja auch um Wunder und die Auferstehung. Das kann man nur machen, wenn man Gott ist."

Luis nickt.

„Ich glaub das ja auch. Aber es gibt auch welche in unserer Klasse, die das nicht glauben. Und dann möchte ich die manchmal überzeugen, aber das ist voll schwierig."

„Ja, das kenne ich. Ich habe damit aufgehört zu diskutieren. Wenn ich mit jemandem über Jesus spreche, dann erzähle ich, wie er meine Gebete erhört hat oder wie eine Bibelstelle besonders gut in mein Leben gepasst hat. Das habe ich erlebt und das kann man nicht diskutieren."

Das will Luis sich merken. Lotta schaut aus dem Fenster.

„Dürfen wir erst einen Schneemann bauen und dann Hausaufgaben machen?"

Damit ist Mama einverstanden.

5.
Dezember

Die Zwillinge ziehen schnell ihre Schneeanzüge, Handschuhe und Mützen an und stürmen in den Garten.

„Wollen wir nicht lieber ein Iglu bauen?", schlägt Luis vor.

„Au ja, da können wir uns dann drin verstecken und Kakao trinken! Vielleicht dürfen wir auch ein paar Plätzchen."

Die Kinder schaufeln mit Schneeschippen einen großen Haufen Schnee zusammen.

„Das reicht nicht. Das ist viel zu wenig Schnee", findet Lotta.

„Dann nehmen wir die Bobs und holen noch welchen aus dem Vorgarten und von den Haufen am Bürgersteig." Luis läuft schon zum Gartenhaus, um seinen Bob zu holen.

Der Haufen wird immer größer und die Kinder kommen langsam ins Schwitzen.

„So, das reicht jetzt", beschließt Lotta. Ihr Kopf ist schon ganz rot vor Kälte und der Anstrengung. Sie klopfen den Schnee fest und beginnen dann, an einer Stelle einen Eingang zu graben.

Plötzlich steht Joschua im Garten.

„Hey, kann ich mitmachen?"

Luis steckt den Kopf aus dem Iglu.

„Hey, Joschua. Klar, mach mit!"

Lotta will sofort wissen: „Hast du schon mit deinem Opa gesprochen, wegen der Weihnachtswerkstatt?" Joschua grinst breit.

„Na logisch. Ich habe ihn gleich nach der Schule angerufen. Aber er hat gesagt, dass immer nur einer kommen darf."

Lotta bekommt große Augen.

„Echt jetzt? Das ist aber doof."

Joschua lacht.

„Guck nich so. Das wäre doch megalangweilig, deshalb dürfen wir auch alle kommen!"

Lotta nimmt eine Handvoll Schnee und wirft Joschua damit ab.

„Du sollst mich nicht veräppeln!"

Joschua wirft zurück und die Kinder beginnen eine wilde Schneeballschlacht. Als Luis Lotta voll im Gesicht trifft, findet Lotta das aber gar nicht lustig. Sie reibt sich den Schnee aus den Augen und weint fast.

Luis entschuldigt sich sofort: „Tut mir leid. Kommt, wir bauen weiter am Iglu."

Die drei holen immer mehr Schnee zusammen und klopfen ihn oben auf dem Iglu fest. Joschua berichtet von dem Telefonat mit seinem Opa.

„Wir dürfen nach Nikolaus kommen. Bis dahin will Opa ganz viel Material besorgen, damit wir alle was bauen können oder Schmuck machen. Mein Opa ist einfach der Beste!"

„Ja, das ist er. Dann sollten wir aber auf jeden Fall was von unserem Taschengeld mitbringen, wenn dein Opa das alles kaufen muss", findet Lotta. „Wie viel können wir ja morgen noch mal in der Schule besprechen."

Luis wirft noch eine Schippe Schnee auf das Iglu.

„Und wenn das Geld nicht reicht, können wir ja noch Sachen für einen Weihnachtsmarkt basteln. Vielleicht dürfen wir was auf Mamas Stand verkaufen. Die ist doch sowieso jedes Wochenende auf dem Weihnachtsmarkt mit ihren Nähsachen."

Lotta ist begeistert.

„Ja, und dann können wir noch in der Klasse Sachen verkaufen. Und wir können deinem Opa dann zu Weihnachten das ganze Geld schenken, das wir verdienen. Dann hat er das ganz umsonst gemacht!"

Joschua lacht.

„Na, umsonst ist das hoffentlich nicht. Schließlich wollen wir da auch 'ne tolle Zeit haben."

Lotta schubst Joschua. Der fällt in den Schnee und tut so, als ob er sich mächtig wehgetan hat.

„Oh, aua, mein Bein."

Lotta ist erschrocken. Doch dann sieht sie, wie Joschua grinst, und die beiden kugeln durch den Schnee. Luis schaufelt weiter.

„Wenn ihr da fertig seid, könnt ihr mir gerne helfen!"

Lotta schaut Joschua an und kichert los. Joschua ist echt nett. Er und Luis sind seit dem Kindergarten beste Freunde. Schön, wenn man gute Freunde hat. Und dass er sich um die Weihnachtswerkstatt bei seinem Opa kümmert, ist echt super.

„Lotta, hallo, träumst du?" Luis rüttelt an ihrem Arm.

„Kannst du Mama fragen, ob wir Kakao und Kekse haben können? Das Iglu ist gleich fertig!"

Lotta klopft den Schnee von Jacke und Hose.

„Klar, mache ich!"

6.
Dezember

Am Nikolausmorgen ist Luis schon sehr früh wach. Irgendwie passiert das immer, wenn etwas Besonderes ist. Dann kann er einfach nicht bis zum Wecken schlafen. Luis hört die Haustür leise klappern. Das ist Papa. Er fährt gleich zum Bäcker und bringt diese leckeren Hefemänner mit, „Stutenkerle" heißen die. Komischer Name, findet Luis. Vor dem Kamin stehen die geputzten Stiefel, gefüllt mit Mandarinen, Nüssen und Süßigkeiten. Auch ein kleines Geschenk ist dabei. Dann frühstücken sie gemeinsam am großen Tisch im Wohnzimmer mit Kerzenlicht und „Stutenkerlen". Das ist am schönsten. Schnell kuschelt er sich in seine Decke und macht die Augen zu. Er hört, wie Mama zuerst bei Lotta ins Zimmer geht, danach kommt sie zu ihm. Sie streichelt Luis liebevoll über den Rücken, das ist das Beste am Wecken.

„Guten Morgen, Luis, der Nikolaus war da! Komm schnell zum Frühstück."

Luis dreht sich um und drückt Mama einmal fest. Dann zieht er sich an und läuft ins Bad. Lotta steht verschlafen vor dem Spiegel und versucht, ihre Haare zu bürsten. Doch die stehen heute Morgen in alle Richtungen.

„Der Nikolaus war da. Wer als Erster unten ist!", ruft Luis.

Lotta lässt die Bürste fallen und die Zwillinge poltern gemeinsam die Treppe runter. Gerade, als die Kinder ins Wohnzimmer stürmen, kommt Papa wieder rein. Mama kommt aus der Küche und lacht.

„Jedes Jahr dasselbe!"

Die Kinder durchsuchen ihre Stiefel, während Papa ein Feuer im Kamin anmacht.

Lotta freut sich.

„Oh, wie schön. Ich habe ein Armband mit einer Schneeflocke dran. Guck mal, Luis!"

„Und ich habe eine Schneeballschleuder bekommen. Das ist ja cool!" Luis hält die Schleuder hoch.

Am nächsten Schultag liegt auf jedem Platz ein kleiner Schokoladennikolaus. Die Kinder erzählen sich, was sie zu Nikolaus bekommen haben. Abdul ist mächtig stolz.

„Ich hab das neue Fifa-Spiel für Playstation bekommen!"

„Cool!", staunt Joschua. „Ich hatte Nüsse und Mandarinen in meinem Stiefel und einen Schokonikolaus."

Lotta zeigt ihr Schneeflockenarmband.

„Hier, das war bei mir im Stiefel."

Abdul lacht.

„Warum müssen eure Eltern das eigentlich immer in Stiefel stopfen? Bei uns gibt es dafür Geschenkpapier!"

Sophie ist empört.

„Das macht der Nikolaus!"

Abdul nickt ernst.

„Stimmt ja. Der Nikolaus, dieser Mann mit dem roten Mantel und dem falschen weißen Bart. Und der gleichzeitig auch der Weihnachtsmann ist. Und der zu jedem Haus auf der Welt 'nen Schlüssel hat. Oder is' er ein Einbrecher? Natürlich ein guter Einbrecher, der lässt ja was da und nimmt nichts weg!"

„So ein Quatsch, Abdul!" Luis ist ärgerlich.

„Außerdem kommt zu uns kein Weihnachtsmann", unterstützt Sophie ihn, „zu uns kommt das Christkind!"

Abdul zieht ein komisches Gesicht.

„Ah ja, das Christkind. Ist das auch ein Einbrecher, der was mitbringt?"

Nun wird Lotta langsam sauer.

„Natürlich nicht! Das Christkind ist Jesus. Wir feiern an Weihnachten Jesus' Geburtstag!"

„Sehr cooler Geburtstag, an dem das Geburtstagskind die Geschenke mitbringen muss! Also, ihr habt schon komische Traditionen! Bei uns gibt es so einen Blödsinn nicht. Wir feiern Zuckerfest, weil wir das Fasten geschafft haben. Dafür gibt's 'ne fette Belohnung. Das macht Sinn!"

Es ist still am Tisch geworden. Die Kinder wissen nicht, was sie Abdul darauf antworten sollen. Joschua räuspert sich.

„Also, da können wir heute Nachmittag mal mit meinem Opa drüber sprechen. Der kann das bestimmt erklären. Heute beginnt die Weihnachtswerkstatt!"

Der Einzige, der sich in diesem Moment darüber freut, ist Abdul.

„Das wird mega!"

7.
Dezember

Auch heute Morgen basteln die Kinder in der ersten Stunde weiter an ihrer Tischdekoration, während Frau Meyer-Schön eine Geschichte vorliest.

„Es war einmal ein reicher Mann, der hatte drei Söhne. Er wusste nicht, welchen der Söhne er zu seinem Erben machen sollte, und deshalb stellte er ihnen eine Aufgabe:

‚Ich gebe jedem von euch 1000 Euro. Wer von euch den großen Saal damit am meisten füllen kann, der soll mein Erbe sein.'

Der erste Sohn überlegte, womit er den Saal möglichst vollbekommen würde. Er entschied sich für Brot. Brot ist nicht so teuer, dachte er, da bekomme ich viele Brote für 1000 Euro. Und so kaufte er überall in der Stadt Brote. Am Abend kam sein Vater in den großen Saal. Eine Ecke war bis fast unter die Decke mit Broten gefüllt. Am nächsten Tag war der zweite Sohn an der Reihe. Er kaufte bei allen umliegenden Bauern Heu. Für 1000 Euro konnte er den halben Saal mit Heu füllen. Er war sehr mit sich zufrieden. Und auch der Vater nickte anerkennend. Am dritten Tag war der jüngste Sohn an der Reihe. Als der Vater am Abend kam, war der Saal vollkommen dunkel und leer. Der Vater schaute den Sohn fragend an.

‚Hast du nichts vorbereitet, um die Aufgabe zu erfüllen?'

‚Doch, Vater, komm setz dich auf deinen Stuhl!', antwortete der Sohn.

Der Vater setzte sich und die große Tür wurde geschlossen, sodass es nun stockdunkel im Raum war. Dann entzündete der jüngste Sohn in der Mitte des Raumes eine Kerze und das Licht einer einzigen Kerze erfüllte den großen Raum bis in den letzten Winkel. Da sprach der reiche Mann:

‚Du sollst mein Erbe sein!'"

Frau Meyer-Schön steht auf und macht das Licht im Klassenzimmer aus. Es ist nun ziemlich dunkel. Dann schaltet sie eine LED-Kerze auf dem Lehrerpult an. Das Licht erfüllt das ganze Klassenzimmer.

„In der Bibel wird Jesus als das Licht der Welt angekündigt. ‚*Das Volk, das im Dunkeln lebt, sieht ein großes Licht*', schreibt Jesaja. 700 Jahre später sagte Jesus zu allen Leuten: ‚*Ich bin das Licht für die Welt. Wer mir folgt, tappt nicht mehr im Dunkeln, sondern hat das Licht und mit ihm das Leben.*' Damit meint Jesus, dass Menschen, die mit ihm befreundet sind, auch in schwierigen Situationen Hilfe erwarten dürfen. In der Adventszeit wird es jeden Tag ein bisschen heller, weil wir auf die Geburt von Jesus zugehen. Das feiern wir als Christen an Weihnachten."

Nun schaltet die Lehrerein noch sechs weitere LED-Kerzen an. Lotta betrachtet das Licht. Ja, das glaubt sie auch. Sie hat schon oft Geschichten über Jesus gehört, zu ihm gebetet und erlebt, wie er Gebet erhört oder ihr einfach Frieden im Herzen schenkt. So wie jetzt. Das, was Abdul gesagt hat, dass Jesus zu seinem eigenen Geburtstag die Geschenke mitbringt, hat sie etwas verwirrt. Lotta glaubt an Jesus und sie mag es nicht, wenn jemand sich darüber lustig macht oder schlecht redet. Und doch weiß sie, dass nicht alle an Jesus glauben. Das ist okay. Aber dass sie an Jesus glaubt, das soll auch okay sein.

Langsam beginnen die Kinder an den Tischen zu tuscheln. Frau Meyer-Schön macht das Licht wieder an und verkündet: „Nun räumt bitte die Bastel-Sachen zusammen. In der nächsten Stunde machen wir mit Mathe weiter. Ich hoffe, ihr habt alle die Hausaufgaben gemacht und die Einmaleinsreihen geübt. Wir schreiben dazu heute einen kleinen Test."

Oh nein! Lotta erschrickt. Das hat Frau Meyer-Schön gar nicht angekündigt. Eigentlich kann Lotta die Reihen und hat auch viel geübt, aber Tests mag sie einfach nicht. Sie denkt an die Kerze und an Jesus als Licht.

In Gedanken betet sie: „Bitte, Jesus, hilf mir, dass mir gleich die richtigen Zahlen einfallen. Mach es bitte hell in meinem Kopf!"

8.
Dezember

Am Nachmittag fährt Mama die Zwillinge zu Joschuas Opa.

„Gibt es einen Grund, warum ihr euch nicht bei Joschua zu Hause trefft? Da könntet ihr auch bei dem Winterwetter zu Fuß hingehen."

Lotta schaut aus dem Fenster.

„Das ist ein Geheimnis. Aber wahrscheinlich musst du uns noch öfter fahren. Geht das?"

„Das kann ich euch nicht jeden Tag versprechen. Ich muss noch einiges für die Weihnachtsmärkte nähen und übermorgen habe ich nachmittags einen Termin auf Gut Gersheim, um über den Adventsmarkt zu sprechen", überlegt Mama.

Bei Joschuas Opa parken bereits mehrere Autos in der Einfahrt. Sophie und Aylin stehen mit ihren Müttern daneben. Gerade steigt Abduls Mutter aus. Die Zwillinge laufen zu den anderen Kindern. Auch Mama kommt dazu.

„Hallo Lisa, die Kinder wollen die ganze Woche herkommen und ich denke, wir könnten Fahrgemeinschaften bilden. Das ist doch Quatsch, wenn wir alle jeden Nachmittag hin- und herfahren", schlägt Sophies Mutter den anderen vor.

„Gute Idee, für mich ist nur das Bringen zeitlich schwierig. Ich könnte aber gerne immer abholen", bietet Abduls Mutter an.

„Dann is' ja alles klar!" Abdul hebt die Hand, winkt freundlich und marschiert zur Tür.

Die anderen Kinder folgen ihm. Joschua öffnet die Haustür. Während die Eltern den Fahrdienst regeln, sind die Kinder schon ganz gespannt auf die Weihnachtswerkstatt.

„Warum seid ihr denn alle einzeln gekommen?", will Joschua wissen.

„Schlechte Planung halt!", erklärt Abdul. „So, wo können wir Schmuck machen und so?"

Joschua lacht. Abdul kommt immer sofort zu Sache. Sie gehen durch einen Flur. Hinter einer schweren Holztür ist ein weiterer großer Raum angebaut: Opas Werkstatt. Hier prasselt ein Feuer im Kamin und es riecht nach Holz und Farbe.

Luis entdeckt sofort das große Vogelhaus. Toll sieht das aus. So eines würde er gerne für Papa bauen. Bis jetzt haben sie nur einen Meisenknödel im Baum vor dem Wohnzimmerfenster, aber ein Vogelhaus ist bestimmt viel schöner. Lotta schaut auf den alten Holztisch. Dort liegen verschieden Kettenanhänger auf schönen Stoffsäckchen. Es gibt noch einen Tisch mit verschiedenen Weihnachtsbaumanhängern. In einem Schaukelstuhl sitzt Opa Karl und feilt an einem Holzstern.

„Da seid ihr ja alle. Herzlich willkommen in meiner Weihnachtswerkstatt!"

Die Kinder gehen staunend von Tisch zu Tisch. Abdul nimmt einen Kettenanhänger mit einer Rose in durchsichtigem Harz in die Hand.

„Hallo Opa Karl, kann ich so was machen?" Er kramt in seiner Tasche und holt einen Fünf-Euro-Schein heraus. „Ich hab auch mein Taschengeld dabei!"

Opa Karl lächelt.

„Natürlich kannst du so etwas machen. Es ist schön, wenn ihr einen kleinen Beitrag zu den Materialkosten beisteuern möchtet. Jeder kann das so machen, wie es für ihn passt. Wir können an den drei Tischen parallel arbeiten. Wenn ihr mit einer Sache fertig seid, können alle einen Tisch weiter gehen. Wir haben die Schmuckstücke, verschiedene Vogelhäuser und Weihnachtsbaumanhänger. Immer zwei Kinder werkeln an einem Tisch. Einigt euch untereinander, wer mit wem zusammenarbeiten möchte."

„Ich will mit Joschua!", ruft Abdul sofort.

Lotta würde gerne mit Sophie basteln, aber will Luis dann mit Aylin zusammen machen?

„Ich möchte mit Sophie!" Aylin fasst Sophie an die Hand.

Luis schaut Lotta an.

„Ist doch gut, wenn wir beide zusammen sind. Wir beschenken die gleichen Leute und können uns prima abstimmen. Wollen wir zuerst zu den Vogelhäusern gehen? So ein Vogelhaus findet Papa bestimmt toll. Der guckt doch immer, wenn die Vögel im Apfelbaum an dem Meisenknödel turnen, und freut sich."

Damit ist Lotta einverstanden.

9. Dezember

Opa Karl zeigt den Zwillingen:

„Wir haben hier die Vogelvilla für die Fensterbank. Dort ist das Baumhaus und dies ist das große Modell für den Garten oder die Terrasse mit den drei langen Beinen zum Aufstellen. Also ihr zwei, welches Vogelhaus möchtet ihr bauen?"

Luis schaut Lotta an.

„Das große, oder? Das können wir direkt vor die Terrassentür stellen!"

Lotta findet die Vogelvilla auch sehr hübsch, aber Luis hat bestimmt recht. Sie nickt. Die nächsten zwei Stunden sind die Geschwister mit Messen und Sägen beschäftigt. Abdul und Joschua gießen Schmuckstücke. Dabei lässt Abdul seine Begeisterung immer mal wieder hören.

„Voll krass, guck mal, die Rose. Ich werde Schmuckdesigner, wenn ich groß bin. Da kann ich bestimmt mega Kohle machen. Hier, das ist der Hammer, da sieht man die Feder. Boah, Joschua, das haste schön gemacht, mit der Münze drin."

Aylin singt Weihnachtslieder und faltet einen Engel aus Tortenpapier, welches sie vorher mit Silberfarbe besprüht hat. Sophie zieht rot-weiße Perlen auf einen Draht und biegt daraus Zuckerstangen für den Weihnachtsbaum.

„So, jetzt ist erst einmal Pause und dann wird aufgeräumt. Für heute habt ihr genug gearbeitet!" Opa Karl stellt Plätzchen und Kinderpunsch auf den kleinen Tisch.

Die Mädchen setzen sich zu dritt auf das alte Sofa in der Ecke. Abdul mault:

„Ich wollte aber noch mehr Anhänger machen für meine Tanten und Cousinen und so."

„Keine Sorge, da hast du morgen auch noch Zeit zu. Ich bekomme gleich Besuch und deshalb wird die Werkstatt geschlossen." Opa Karl macht es sich in einem Sessel gemütlich.

Lotta pustet in ihren heißen Punsch:

„Machst du auch solche Geschenke für den Weihnachtsmarkt wie meine Mama? Die näht jetzt ganz viel und verkauft das dann an den Wochenenden in der Adventszeit."

„Ja, ich habe jedes Jahr einen Stand auf Gut Gersheim. Das ist ein ganz besonderer Weihnachtsmarkt, finde ich. Neben schönen

Verkaufsständen, Stockbrot am Lagerfeuer und einem Tannenbaumverkauf gibt es dort eine lebendige Krippe zu sehen. Da wird den Besuchern die Weihnachtsgeschichte vorgespielt."

„So was haben wir letztes Jahr auf dem Weihnachtsbaumhof von Heiko erlebt!", fällt Luis ein.

„Ja, genau, und da habe ich ein echtes Jesusbaby im Arm gehabt, das hieß auch Joschua." Lotta kann sich noch sehr gut daran erinnern.

Abdul lacht.

„Und war das dann das Christkind oder war Joschua der Baby-Weihnachtsmann?"

Lotta findet das gar nicht lustig.

„Über Jesus macht man keine Witze!"

Opa Karl mischt sich in das Gespräch ein.

„Ja, das mag ich auch nicht, wenn man über Jesus Witze macht. Und doch muss ich Abdul recht geben. Das ist schon sehr verwirrend mit dem Christkind und Jesus und dem Weihnachtsmann. Ich würde das so erklären: Die Christen glauben daran, das Jesus Gottes Sohn ist. Weihnachten ist das Fest zur Erinnerung an die Geburt von Jesus. Die Menschen haben aus Freude darüber begonnen, sich gegenseitig Geschenke zu machen. Und dann ist daraus die Idee entstanden, dass die Kinder überrascht werden sollten. Aus Jesus Christus wurde das Christkind. Es sollte die Geschenke bringen. Und die Firma Coca Cola hat später den Weihnachtsmann erfunden, den dicken Mann mit dem roten Anzug und dem weißen Bart. Das war der Renner in Amerika und bald auch in der ganzen Welt. Und irgendwie hat sich das alles durchmischt und jeder sucht sich das aus, was ihm am besten gefällt. Ich bleibe bei Jesus' Geburtstag, weil ich Christ bin."

„Das ist aber ein Durcheinander!", findet Lotta.

„Durcheinander ist ein gutes Wort. Jetzt wollen wir erst einmal aufräumen. Legt die Sachen auf den Tischen ordentlich zusammen und schaut, dass die Kleber und das Harz gut verschlossen sind. Ich ziehe mich schon mal um und schaue dann gleich, ob alles fertig ist."

10. Dezember

Irgendwann steckt Opa Karl noch einmal den Kopf durch die Werkstatttür.

„Dann bis morgen, Kinder, mein Besuch ist da. Ich habe hier ein Fotoalbum von den letzten Weihnachtsmärkten auf Gut Gersheim. Wenn ihr mögt, könnt ihr euch das noch ansehen, bis ihr abgeholt werdet."

Er reicht Joschua das Album. Die Kinder quetschen sich alle auf das Sofa, um gemeinsam die Bilder anschauen zu können.

„Hier, das ist die lebendige Krippe. So ähnlich sah das letztes Jahr bei Heiko auf dem Weihnachtsbaumhof auch aus." Lotta zeigt auf ein Foto.

„Und da ist ganz viel von dem coolen Schmuck", hat Abdul entdeckt.

„Guck mal, wie groß der Weihnachtsbaum ist. Und der leuchtet und glitzert so schön!" Aylin ist begeistert.

Als Joschua eine Seite weiterblättert, fällt ein Stück Papier heraus. Es sieht alt und zerknittert aus. Luis hebt es auf und streicht es glatt. Es ist eine Zeichnung mit Zahlen, Buchstaben und vielen Punkten in der Mitte. Abdul nimmt Luis den Zettel aus der Hand.

„Zeig mal. Meinste, das ist eine Schatzkarte mit Geheimschrift?"

„Wieso soll denn eine Schatzkarte in einem Fotoalbum sein?", wundert sich Lotta.

„Das kannste nie genau wissen. Hier bei Joschuas Opa ist alles so alt. Da kann überall ein Schatz sein!" Abdul betrachtet die Zeichnung genauer. „Hier, das ist bestimmt ein Geheimcode!"

Luis lacht.

„Ich glaube, du guckst zu viele Detektivserien."

Abdul schüttelt den Kopf.

„Quatsch, Schatzsucherserien sind viel cooler!"

Nun nimmt Sophie das Papier in die Hand.

„Was soll hier dran denn jetzt eine Schatzkarte sein? Und wenn, dürfen wir die überhaupt nehmen?"

Joschua ist unsicher.

„Wenn so etwas in dem Fotoalbum liegt, dann hat das bestimmt einen Grund. Bei Opa ist immer alles ganz aufgeräumt, genau wie seine Werkstatt. Deshalb würde ich ihn gerne erst fragen, ob wir die

Karte haben dürfen. Und bestimmt kann er uns auch erklären, was das alles bedeutet. Dann brauchen wir gar nichts zu suchen."

„Das ist 'ne Schatzkarte, echt Leute. Ich kenn mich da aus!" Abdul ist fest überzeugt. „Frag deinen Opa besser nicht. Vielleicht will er uns nichts von dem Schatz verraten. Wir suchen besser alleine, das schaffen wir. Wir können doch 'ne Kopie von dem Ding machen und dann guck ich mal im Internet, ob ich was dazu finde! Hab grad mein Handy nich' dabei, sonst hätte ich ein Foto gemacht!"

„Ich kann das abmalen", schlägt Lotta vor. „Das geht auch!"

„Ich hole schnell Papier und Stift. Aber beeil dich, Lotta, unsere Eltern sind bestimmt gleich da. Ich frage Opa erst einmal nicht." Joschua geht rasch zu einer Schublade und holt ein paar Zettel und Bleistifte.

Lotta zeichnet die Karte so gut es geht ab. Das ist gar nicht so einfach, wenn die anderen Kinder ständig gute Ratschläge geben.

„Nee, guck mal richtig. Der Strich ist doch viel länger!" Abdul drückt seinen Zeigefinger mitten auf Lottas Blatt.

„Hier hast du einen Buchstaben vergessen." Sophie zeigt auf das Papier.

Als es an der Haustür läutet, ist Lotta mit der Zeichnung noch nicht ganz fertig.

„Ich geh!" Abdul stürmt los. „Ich quatsche die Eltern fest. Mal schnell fertig!"

Doch Abdul kommt bereits wenige Sekunden später zurück.

„Wir müssen sofort los. Ist meine Mutter, die lässt sich nicht festquatschen. Sie nimmt uns alle mit. Gib mal deine Zeichnung, Lotta. Das muss jetzt so gehen."

Abdul steckt den Zettel in die Hosentasche. Joschua steckt das Original wieder in das Album zurück. Luis räumt rasch die Bleistifte und Zettel zurück in die Schublade. Dann ziehen die Kinder ihre Wintersachen an, machen das Licht aus und lassen sich von Abduls Mutter nach Hause fahren. Im Auto ist es erstaunlich ruhig. Von den Geschenken können sie nichts verraten und von der Schatzkarte wollen sie nicht sprechen.

Tipp: In der letzten geschlossenen Doppelseite findest du die Schatzkarte.

11.

Dezember

Am nächsten Morgen treffen sich die Kinder schon vor Schulbeginn auf dem Schulhof. Abdul hat ein paar Seiten aus dem Internet ausgedruckt.

„Das ist eine Karte von Gut Gersheim. Sieht aus wie 'ne alte Burg. Außenrum sind Gebäude und hier in der Mitte ist ein Hof. Da ist immer der Weihnachtsmarkt. Bei so Karten gibt es Buchstaben und Zahlen, die geben den Ort an. Aber die Buchstaben stimmen nicht mit unserer Karte überein. Ich hab meinen Bruder gefragt, nach Geocaching. Das sind andere Zahlen. Ob die stimmen, weiß ich nur, wenn ich da bin!"

„Mama fährt morgen zum Gut Gersheim. Vielleicht können Luis und ich mitfahren? Was muss man denn da gucken?", fällt Lotta plötzlich ein.

„Mega, das ist die Lösung. Kann ich auch mit? Ich weiß, wie das mit dem Gerät geht, und mir leiht der Mehmet das!" Abdul ist sofort Feuer und Flamme.

Luis ist sich nicht sicher, ob das eine gute Idee ist.

„Wir sind noch nie mitgefahren, wenn Mama sich einen Stand anguckt. Ich finde das schon schwierig, ihr zu erklären, warum wir auf einmal mitwollen. Was soll ich denn sagen, damit du auch noch mitkannst?"

Abdul kneift die Augen zusammen und denkt nach.

„Ha, ich hab's! Wir machen ein Plakat über diese lebende Grippe. Und wir drei sind in einer Gruppe."

„Über eine lebende Grippe? Was soll das denn sein, ein neuer Coronavirus?" Aylin runzelt die Stirn.

„Quatsch, das, wo Lotta das echte Baby auf dem Arm hatte!" Abdul schlägt sich mit der Hand vor den Kopf.

Lotta lacht.

„Du meinst die lebendige Krippe, die Weihnachtsgeschichte, gespielt von echten Menschen und echten Tieren."

„Dann eben so. Die Meyer-Schön findet das bestimmt mega! Die mag Plakate und die mag Jesus. Da kriegen wir bestimmt 'ne super Note und haben einen Grund, zum Gut Gersheim zu fahren!" Abdul ist sehr mit sich zufrieden.

Der Schulgong ertönt und die Kinder stürmen in die Klasse. Frau Meyer-Schön schaltet wieder das Licht aus und eine LED-Kerze nach der anderen an. Heute hat sie hat ein dickes Buch dabei und liest den Kindern daraus vor.

„*‚Denn ein Kind ist geboren, der künftige König ist uns geschenkt! Und das sind die Ehrennamen, die ihm gegeben werden: umsichtiger Herrscher, mächtiger Held, ewiger Vater, Friedensfürst.‘* Das steht in der Bibel und wurde von dem Propheten Jesaja, ungefähr 700 Jahre bevor Jesus geboren wurde, aufgeschrieben. Mit dem Kind ist Jesus gemeint. Ich staune darüber, dass Jesus schon so lange angekündigt ist. Ich kündige euch vielleicht eine Woche im Voraus einen Test an und ihr könnt euch dann darauf vorbereiten. Und Jesaja kündigte sogar 700 Jahre im Voraus Jesus' Geburt an und so viele Menschen haben sich darauf vorbereitet und gewartet, gewartet und immer noch gewartet."

„So alt wird doch keiner!", platzt Abdul in die Klasse.

„Stimmt. Deshalb haben die Großeltern es den Kindern erzählt: ‚Es kommt ein Kind und das wird der ganzen Welt Frieden bringen.‘ Oder die Eltern haben ihren Kindern erzählt: ‚Es kommt ein Sohn und der wird dir immer einen guten Rat geben.‘ Und alle haben gewartet, 700 Jahre lang. Wir warten heute nur 24 Tage auf Weihnachten und viele haben einen Adventskalender, der das Warten leichter macht", erklärt die Lehrerin.

„Und wie soll das mit dem guten Rat gehen? Wie kann Jesus mir denn einen guten Rat geben, der ist doch gar nicht da?", will Sophie wissen.

„Die guten Ratschläge von Jesus stehen alle in der Bibel. Da steht zum Beispiel: Vergib allen Menschen, damit dir auch vergeben wird. Oder: Behandle Menschen, wie du auch behandelt werden möchtest. Oder: Zuhören ist besser als Reden und noch viel mehr. Und Menschen, die an Jesus glauben, sind davon überzeugt, dass er da ist. Jesus sagt, dass er in unserem Herzen lebt, wenn wir an ihn glauben", antwortet Frau Meyer-Schön.

12.
Dezember

Zu Hause beim Mittagessen spricht Luis den Weihnachtsmarkt direkt an:

„Wolltest du nicht morgen zum Gut Gersheim fahren? Können Lotta, Abdul und ich mit? Wir wollen ein Plakat über die lebendige Krippe machen."

Mama verteilt Salat.

„Was denn für ein Plakat?"

Lotta überlegt, wie sie Mama das erklären kann, damit sie auf jeden Fall zu dritt mitfahren dürfen.

„Der Abdul kapiert das mit dem Christkind nicht, findet die lebendige Krippe aber cool. Und jetzt wollen wir ein Interview mit dem Gutsherrn führen und daraus ein Plakat für die Schule machen."

„Aha. Und habt ihr euch schon Fragen überlegt?", will Mama wissen.

„Na, warum er so eine lebendige Krippe organisiert hat, zum Beispiel. Und dann machen wir ein Foto von dem Platz, wo die später aufgebaut wird. Wir können eine richtige Reportage machen. Das wäre doch cool!" Luis ist begeistert.

„Ja, wir können das nachher bei Joschuas Opa planen. Dürfen wir dann morgen mit?" Lotta ist ganz aufgeregt.

„Wenn ihr unbedingt wollt. Doch nach eurem Interview seid ihr so lange ruhig, bis ich alles mit Herrn von Gersheim geklärt habe. Mehr als drei Kinder bekomme ich aber auf keinen Fall mit. Das Auto ist voll mit den Näharbeiten, die ich dem Gutsherrn zeigen möchte. Ich bekomme den Stand jetzt nur so kurzfristig, weil jemand abgesagt hat und ich auf der Warteliste stand."

Damit sind die Zwillinge einverstanden.

Am Nachmittag in der Weihnachtswerkstatt ist es aber gar nicht so einfach, über das Interview zu sprechen. Joschuas Opa soll davon nichts mitbekommen. Deshalb müssen die Kinder warten, bis er Punsch und Plätzchen holt. Sofort stürzen die Freunde auf das kleine Sofa. Das Fotoalbum liegt noch auf dem Tisch.

„Wir haben Mama überredet. Abdul, du kannst morgen mit zum Gut Gersheim fahren!", berichtet Lotta. „Aber wir müssen ein Interview mit dem Gutsherrn machen."

„Was'n für'n Interview?" Abdul schaut die Zwillinge fragend an.

„Mama meinte, es macht keinen Sinn mitzufahren, weil der Markt ja erst am vierten Advent ist. Wir haben von dem Plakat erzählt, aber das hat Mama nicht überzeugt. Erst als Lotta vorgeschlagen hat, ein Interview über die lebendige Krippe mit dem Gutsherrn zu führen, hat sie gesagt, wir können mit", erklärt Luis.

„Dann fragen wir den halt, wer bei ihm zu Weihnachten kommt: Weihnachtsmann, Nikolaus oder Christkind", schlägt Abdul vor.

„Das ist aber ein komisches Interview", findet Aylin.

„Haste 'ne bessere Idee?" Abdul ist beleidigt.

„Zuerst fragt man, wie der heißt, wie alt er ist und ob der Kinder hat", schlägt Aylin vor. „Und dann kann man noch nach dem Beruf fragen."

„Ja, und wir fragen, warum er die lebendige Krippe auf seinem Markt hat. Um die geht es ja bei unserem Plakat", fällt Lotta ein.

„Wir wollen wissen, wie viele Leute dabei mitmachen", ergänzt Joschua.

„Und wie das Baby heißt, das Jesus spielen soll", schlägt Sophie vor.

„Klingt gut. Wer schreibt das auf?" Abdul hat sich wieder beruhigt. „Ich bringe mein Handy mit. Damit können wir das Interview aufnehmen. Und das Geocachingteil von Mehmet kann ich morgen haben, hat der gesagt. Ich tausche jetzt die gemalte Karte gegen das Original."

Noch bevor Joschua Abdul daran hindern kann, kommt Opa Karl zurück. Unbemerkt steckt sich Abdul das Original in die Tasche. Sophie hält das Album noch in der Hand.

„Verkaufst du dieses Jahr auch wieder auf dem Weihnachtsmarkt?"

„Ja, das mache ich!" Joschuas Opa stellt das Tablett auf den Tisch.

„Können wir dir beim Verkauf helfen?" Sophie möchte zu gern auch einmal diese lebendige Krippe sehen.

„Gerne. Ich fürchte nur, mehr als drei Leute bekomme ich nicht zusätzlich mit!" Opa Karl ist einverstanden.

„Kein Problem, Lotta, Luis und ich fahren mit der Mama von den Zwillingen!" Abdul hat das schon entschieden.

13.
Dezember

Am nächsten Morgen wollen die Zwillinge in der Schule mit Frau Meyer-Schön über das Plakat sprechen. Abdul meint zwar:

„Das ist doch nur 'n Alibi!"

Aber Lotta ist es wichtig, die Wahrheit zu sagen.

„Wenn das rauskommt, ist meine Mama traurig. Schließlich nimmt sie uns heute mit."

„Okay. Dann lass mich das mal regeln!" Noch bevor die Lehrerin das Licht ausschaltet, meldet Abdul sich.

„Guten Morgen, Frau Meyer-Schön, du liest uns doch immer so schöne Jesus-Geschichten vor. Aber ich kenn den ja gar nicht. Die Lotta hat was von 'ner lebenden, äh, lebendigen Krippe erzählt. Das will ich mal sehen. Und damit ich das richtig kapier, wollen wir ein Plakat basteln und ein Interview machen. Das findest du bestimmt gut, oder?"

Lotta hält die Luft an und Luis runzelt die Stirn. Hat Frau Meyer-Schön verstanden, was Abdul will? Wird sie jetzt Ja sagen?

„Das klingt auf jeden Fall interessant, Abdul, wer ist denn ‚wir'? Und wen wollt ihr interviewen?", will die Lehrerin wissen.

„Na, wir sind: ich, Luis, Joschua, Lotta, Sophie und Aylin. Und das Interview machen wir mit dem Gersmann, der hat nämlich so eine Krippe." Abdul strahlt.

„Das finde ich eine schöne Idee. Wenn andere Kinder auch ein Plakat zu einem Weihnachts-Thema erstellen wollen, können sie das gerne machen und in unserer Adventsstunde vorstellen!" Die Lehrerin steht auf und schaltet das Licht aus und die LED-Kerzen an.

„Heute erzähle ich euch von drei Personen aus der Bibel, die weit im Voraus von Jesus' Geburt gehört hatten. Sie machten sich auf den Weg, um diesen König zu finden: die drei Weisen aus dem Morgenland. Im Buch Matthäus in der Bibel steht: *Jesus wurde in Betlehem in Judäa geboren, zur Zeit, als König Herodes das Land regierte. Bald nach seiner Geburt kamen Sterndeuter aus dem Osten nach Jerusalem und fragten: ‚Wo finden wir den neugeborenen König der Juden? Wir haben seinen Stern aufgehen sehen und sind gekommen, um uns vor ihm niederzuwerfen.'*

Als König Herodes das hörte, erschrak er und mit ihm ganz Jerusalem. Er ließ alle führenden Priester und Gesetzeslehrer im Volk Gottes zu sich kommen und fragte sie: ‚Wo soll der versprochene Retter geboren werden?'

Sie antworteten: ‚In Betlehem in Judäa. Denn so hat der Prophet geschrieben: Du Betlehem im Land Juda! Du bist keineswegs die unbedeutendste unter den führenden Städten in Juda, denn aus dir wird der Herrscher kommen, der mein Volk Israel schützen und leiten soll.'

Haben wir das schon mal gehört?"

„Ja, der Prophet Micha hatte das gewusst!" Lotta meldet sich.

„Genau. Und hier kommen drei Männer aus einem fernen Land und folgen einem Stern. Sie kennen Gott nicht und sie kennen Jesus nicht. Aber sie sind sich sicher, dass ein sehr bedeutender König geboren wird, der sogar für sie wichtig ist, obwohl sie in einem anderen Land wohnen. Und was ist mit dem König Herodes, der gerade regiert?", will Frau Meyer-Schön wissen.

„Der hat Angst und ist erschrocken", weiß Luis. „Bestimmt möchte der König bleiben und hat Angst, dass Jesus ihm sein Königreich wegnimmt!"

„Und bleibt der König oder macht Jesus den platt?" Abdul interessiert sehr, wer hier gewinnt.

„Jesus ist nicht so der Plattmach-König. Jesus möchte nicht über die Menschen herrschen wie König Herodes, sondern der König in unserem persönlichen Leben sein. Der Bestimmer unseres Herzens", erklärt die Lehrerin.

„Klingt gut", findet Abdul. „Und die Weißen, haben die den Jesus gefunden?"

„Die Weisen, das heißt die Klugen, die viel wissen. Ja, haben sie. Beim nächsten Mal erzähle ich euch davon. Jetzt machen wir erst einmal Mathe, damit wir auch klug werden!"

14.
Dezember

Am frühen Nachmittag kommt Abdul zu Lotta und Luis. In Luis' Zimmer angekommen, packt er seinen Rucksack aus.

„Hier ist die Ausrüstung: Handy mit Handy-Stick, dann ist der Ton besser, ein Klemmbrett mit Kuli, das Geocachinggerät und die Karte. Wer schreibt?"

„Ich kann schreiben!", bietet Lotta an.

„Ich kann Fotos mit meiner Kamera machen", schlägt Luis vor.

Aufgeregt sitzen die Kinder kurz darauf mit Mama im Auto. Es ist eng auf der Rückbank. Abdul und Luis haben einen großen Karton zwischen sich. Mama startet den Wagen.

„Ich habe mit Herrn von Gersheim gesprochen. Er freut sich auf das Interview mit euch. Danach brauche ich aber etwas Zeit und Ruhe mit dem Gutsherrn. Für mich ist das eine große Chance."

„Kein Problem, wir sagen keinen Mucks. Wir gucken uns 'nen bisschen um und machen noch ein paar Fotos." Abdul beruhigt Mama.

Das Gut Gersheim sieht tatsächlich aus wie eine Burganlage. Sie fahren über eine kleine Brücke mit einem Wassergraben darunter und dann durch ein großes Tor. Mama parkt auf dem Hof inmitten der Gebäude. Neugierig schauen die Kinder sich um. Abdul zieht das Geocachinggerät aus dem Rucksack. Gespannt starren die Kinder auf das Display. Zwei Zahlen mit Buchstaben erscheinen. Lotta notiert sie sofort. Mama geht zu der großen Haustür.

„Kommt jetzt, Handy spielen könnt ihr, wenn ich später im Gespräch bin."

Sie läutet eine große Glocke, die vor der Tür hängt.

„Cool!" Abdul läutet gleich noch einmal.

Ein älterer Herr mit einem grauen Bart öffnet die Tür.

„Guten Tag, Herr von Gersheim. Wir hatten telefoniert."

„Ja, ja, ich weiß, kommen Sie doch herein. Haben Sie etwas von Ihren Arbeiten mitgebracht?" Der alte Mann lächelt freundlich.

„Selbstverständlich, ich habe alles im Auto. Möchten Sie sich die Sachen gleich dort anschauen?" Mama zeigt auf das voll bepackte Auto.

Herr von Gersheim lacht.

„Haben Sie direkt alles dabei? Moment, ich ziehe nur schnell einen Mantel an."

Kurz darauf steht Herr von Gersheim mit zwei grauen Hunden, die ebenfalls einen Mantel tragen, am Wagen. Abdul formt einen Schneeball und wirft ihn, so weit er kann.

„Hey, ihr Feinen. Kommt mal Schneebälle fangen!" Die Hunde stürmen begeistert hinterher. Kurz darauf sind sie wieder bei Abdul und warten auf den nächsten Ball.

„Los, Luis, mach mit. Die haben voll Spaß!"

Luis ist vorsichtig, aber die Hunde scheinen nicht gefährlich zu sein. Lotta hat sich lieber bei Mama versteckt. Herr von Gersheim bewundert Mamas Tischdecken.

„Diese gefällt mir besonders gut, der Stoff mit den englischen Jagdszenen. Könnten Sie die für meine Frau für Weihnachten zur Seite legen? Und wäre es möglich, ihren Namen darauf zu sticken?"

„Selbstverständlich, sehr gerne!" Mama freut sich.

„Also, ich bin mir sicher, dass Sie gut in unseren Adventsmarkt passen. Und Ihre Jungs scheinen sich mit meinen Hunden ebenfalls sehr wohlzufühlen." Der Gutsherr freut sich. „Berni und Werni, kommt." Er pfeift und die Hunde kommen sofort angerannt und setzen sich neben ihren Herrn.

„Tolle Hunde!" Abdul nickt anerkennend. „Mein Onkel hat auch Hunde. Die hören auch so gut. Sind Weimaraner, oder?"

„Sehr richtig, Junge. Und was für Hunde hat dein Onkel?", will Herr von Gersheim wissen.

„Dobermänner, Herkules und Harras. Hunde finde ich mega!" Abdul strahlt.

„Na, dann lasst uns mal reingehen und megaleckeren Kakao trinken", schlägt der Gutsherr vor.

Gemeinsam betreten sie das große, alte Gebäude. Herr von Gersheim geht mit ihnen in einen großen Raum. Luis staunt über die vielen Bilder an der Wand. Alle zeigen Hunde. In den Fenstern stehen Lampen und Kerzen und ein großes Kaminfeuer brennt. Abdul zieht sofort seine Jacke aus und nimmt den Hunden die Mäntel ab. Die lecken ihm erfreut die Hände. Lotta betrachtet ein Foto mit einer wunderschönen Frau. Sie hält ein Baby im Arm.

15.

Dezember

Alle setzen sich auf die schön gepolsterten Stühle an einen großen Eichentisch.

„Berta, bringst du uns bitte Kakao und Kaffee?", ruft der Gutsherr.

Eine freundliche Frau schaut durch eine Tür herein.

„Selbstverständlich, Herr von Gersheim!"

„Krass, haben Sie Personal?" Abdul staunt.

Herr von Gersheim lacht.

„Ja, wir beschäftigen Berta und einen Gärtner. Meine Frau ist viel unterwegs, wir arbeiten viel und so ist es gut, wenn sich jemand um den Haushalt und den großen Garten kümmert."

Lotta findet dieses Zimmer schon riesig. Wie groß ist dann wohl das ganze Haus? Da hat Berta bestimmt eine Menge Staub zu wischen.

„Wo ist Ihre Frau denn immer?"

„Sie arbeitet als Botschafterin für ein Kinderhilfswerk. Jetzt vor Weihnachten sind viele Menschen bereit, Geld für Kinder in Not zu spenden. Gerade ist eine große Feier in Berlin. Da kommen viele reiche Leute und spenden für ein Hilfsprojekt", erzählt der Gutsherr. „Auch die Miete für die Stände und die Spenden für die lebendige Krippe gehen an das Projekt."

Bei dem Stichwort lebendige Krippe holt Abdul sein Handy aus der Tasche.

„Genau darüber wollten wir mit Ihnen sprechen. Die lebendige Krippe, warum machen Sie so was?"

„Das ist eigentlich ..." Weiter kommt Herr von Gersheim nicht, denn Abdul hebt die Hand.

„Moment. Wir müssen erst die Technik am Start haben. Luis – Kamera, Lotta – Notizen." Er selbst kramt den Stick aus dem Rucksack und muss seinen Oberkörper auf den Tisch legen, damit er das Handy direkt vor Herrn von Gersheims Mund halten kann.

„Jetzt!"

„Also, das ist eigentlich die Idee meiner Tochter. Ich habe sie gebeten, heute für euer Interview zu kommen. Wollt ihr mit ihr sprechen?" Herr von Gersheim schaut die Kinder an.

„Mist, die Aufnahme kann ich löschen!" Abdul zieht das Handy zurück. „Klar, wollen wir das."

Berta kommt mit Kakao und Kaffee herein und Herr von Gersheim verlässt den Raum, um seine Tochter zu holen. Abdul schiebt sich einen Löffel Sahne in den Mund.

„Der ist mega, Berta!"

„Das freut mich, junger Mann", antwortet Berta höflich.

„Oh, du kannst Abdul zu mir sagen." Abdul schlürft seinen Kakao.

„Sehr gerne, Abdul." Berta lächelt freundlich und geht wieder.

„Wenn ich groß bin, dann wohne ich auch in so 'nem fetten Schuppen und hab meine Angestellten", verkündet Abdul.

„Und womit willst du so viel Geld verdienen?", will Luis wissen.

„Da muss ich unbedingt den Gersmann gleich mal fragen, wie der das gemacht hat."

Luis ist sich nicht sicher, ob das eine gute Idee ist.

„Ich glaube, so was fragt man nicht. Lass uns erst mal das Interview machen."

Herr von Gersheim kommt in Begleitung der wunderschönen Frau von dem Foto zurück. Auf dem Arm hat sie das Baby.

Lotta strahlt und das Baby strahlt zurück.

„Das ist meine Tochter Wilhelmina von Gersheim und das ist mein Enkel Willy. Sie wird euch bestimmt gerne alles über die lebendige Krippe erzählen." Herr von Gersheim setzt sich wieder zu Mama an den Tisch, während seine Tochter auf dem Sofa am Ende des Raumes Platz nimmt. Die Kinder folgen ihr und Lotta setzt sich ganz nah zu dem Baby.

„Der Willy ist aber süß. Darf ich ihn mal auf den Arm nehmen?"

„Klar, Willy mag Kinder sehr gerne." Wilhelmina legt ihr Baby vorsichtig in Lottas Arm.

„Ihr heißt aber sehr gleich", findet Abdul.

„Das stimmt. Wilhelm ist ein Name seit Generationen. In jeder Familie heißt das erste Kind Wilhelm oder Wilhelmina. Mein Sohn heißt Wilhelm Markwart Kasimir", erklärt Wilhelmina.

„Krasser Name! Mein Sohn soll mal Abdul Herkules Mehmet heißen!" Abdul kann gar nicht mehr aufhören zu lachen. Und weil seine Lache so ansteckend ist, lachen alle mit.

„Jetzt aber mal ernst. Wir wollen für die Schule ein Interview zur lebendigen Krippe führen. Dürfen wir Ihnen dazu ein paar Fragen stellen?" Luis möchte jetzt endlich anfangen.

16.
Dezember

Lotta hält das Klemmbrett hoch. Luis macht ein Foto und Abdul positioniert sein Handy.

„Jetzt brauchen wir absolute Ruhe. Ton ab! Wie heißen Sie?"

„Mein Name ist Wilhelmina Constanze von Gersheim."

Lotta muss etwas überlegen, wie man diesen Namen richtig schreibt. Abdul nickt wichtig und stellt direkt die nächste Frage.

„Und wie alt sind Sie?"

„Ich bin 27 Jahre alt", bekommt er zur Antwort.

„Haben sie einen Beruf?", fragt Abdul weiter.

„Ich bin im Moment mit Willy zu Hause. Sonst arbeite ich bei einer Zeitung und kümmere mich auch um die Pressearbeit rund um das Gut und das Kinderhilfswerk meiner Mutter." Wilhelmina versucht Willy davon abzuhalten, das Handy zu greifen.

„Wieso gibt es hier eine lebendige Krippe?" Jetzt wird es interessanter.

„Ich finde die Idee wundervoll. Gemeinsam mit anderen Leuten aus meiner Kirche führen wir so ein Krippenspiel auf und die Zuschauer spenden nachher etwas Geld dafür. Mit diesem Geld kann ich auch dabei helfen, dass eine Schule in Kenia ein Brunnenloch bekommt und die Kinder immer frisches Wasser haben. Willy wird Jesus sein", erklärt Wilhelmina.

„Damit fällt Sophies Frage weg", denkt Abdul laut. „Jetzt will ich das aber doch wissen, kommt für Klein-Willy der Nikolaus, der Weihnachtsmann oder das Christkind?"

Wilhelmina von Gersheim ist verwirrt.

„Wer kommt?"

„Na zu Weihnachten, ich hab mit meinen Freunden drüber gesprochen und bei Lotta und Luis kommt das Christkind und bei Aylin der Weihnachtsmann und bei Willy?" Abdul wedelt mit dem Handystick herum.

„Für mich ist Weihnachten der Geburtstag von Jesus und wir beschenken uns gegenseitig aus Freude über diesen Tag. Da kommt die Familie zusammen. Ich werde mir mal Gedanken machen, wie das wird, wenn Willy etwas größer ist. Was würdest du denn empfehlen?" Wilhelmina lächelt und zwinkert Abdul zu.

„Ich feier nur wegen den Geschenken!" Abdul schüttelt den Kopf.

„Ich hab aber noch eine Frage. Was ist das für ein Schlüssel, den Sie um den Hals haben?" Lotta zeigt auf den silbernen Schlüssel, den Wilhelmina an einer Kette um den Hals trägt. Luis geht etwas näher heran und macht ein Foto.

„Dieser Schlüssel ist ein Symbol. Er passt in kein Schloss. Ich trage ihn, um mich daran zu erinnern, dass Jesus der Weg in den Himmel ist. Jesus sagt: *‚Ich bin der Weg, denn ich bin die Wahrheit und das Leben. Einen anderen Weg zum Vater gibt es nicht.'* Und das heißt, dass wir alle Jesus brauchen, um in den Himmel zu kommen, den die Bibel beschreibt. Dieses Jahr habe ich für den Weihnachtsmarkt solche kleinen Schlüssel bestellt."

Wilhelmina holt eine Schachtel mit kleinen silbernen Schlüsseln aus einer Schublade neben dem Sofa. „Und ich habe ein Foto von Wilhelm in der Krippe gemacht und den Vers dazugeschrieben. Schaut mal." In einer anderen Schachtel sind gedruckte Karten. „Jetzt will ich die Schlüssel noch dazukleben und sie dann nach dem Krippenspiel verschenken."

Lotta betrachtet die Schlüssel und hat plötzlich eine Idee.

„Wir können doch solche Schlüssel in der Weihnachtswerkstatt in dieses Harz legen und dann als Kettenanhänger verkaufen!"

„So Schlüssel sind voll das coole Geschenk!", findet Abdul. „Wo kriegt man die denn?"

„Diese schenke ich euch gerne und eine Karte auch." Wilhelmina reicht Luis die Schachtel.

„Danke schön! Jetzt würden wir gerne noch ein Foto machen von dem Ort, wo die Krippe in zwei Wochen steht.", fällt Luis ein.

„Ich muss mich jetzt erst um Willy kümmern. Wie ihr riechen könnt, braucht der Mal ganz dringend eine frische Windel. Aber ihr findet die Stelle leicht selber. Draußen auf dem Hof ist eine offene Scheune. Es liegen schon einige Heuballen darin." Wilhelmina steht auf.

„Dann danke für das Interview und die Schlüssel." Abdul verbeugt sich.

17.

Dezember

Die Scheune befindet sich direkt neben Mamas Auto. Abdul lässt die ganze Zeit das Geocachinggerät laufen. Aber keine der Zahlen und Buchstaben stimmen auch nur annähernd mit denen auf der Karte überein. Abdul stampft wütend durch den Schnee.

„So 'n Mist, alles umsonst!"

„Nee, umsonst war das nicht. Wir haben doch die Schlüssel für schöne Geschenke und in zwei Wochen kommen wir wieder und dann suchen wir alle gemeinsam weiter." Luis gibt noch nicht auf.

Plötzlich leuchten Abduls Augen auf.

„Ich hab's!" Und schon rennt er auf die Haustür zu.

Die Zwillinge schauen sich ratlos an. Nach einer Weile kommt Abdul mit den Hunden zurück.

„Wie clever von mir, die originale Karte mitzunehmen. Jetzt schauen wir mal, ob die Jagdhunde hier 'ne gute Nase haben!"

Abdul holt die Karte aus dem Rucksack und hält sie den Hunden vor die Nase.

„Hier Berni und Werni, sucht, sucht den Schatz!"

Berni wedelt freudig mit dem Schwanz und scheint auf einen Schneeball zu warten. Aber Werni beginnt den Boden abzuschnüffeln und läuft los. Die Kinder rennen hinterher.

Lotta ist beeindruckt.

„Meinst du echt, das klappt?"

„Logisch, so was klappt immer!" Abdul ist sehr überzeugt.

„Harras hat auch schon mal 'n Portemonnaie in 'nem Auto gefunden." Abdul bleibt abrupt stehen und Luis läuft in ihn hinein. Abdul fällt vornüber in den Schnee.

„Aua, Mann, Luis, pass doch auf!"

„'tschuldigung. Guck mal, der Werni gräbt ein Loch!" Luis ist ganz aufgeregt.

„Wieso weißt du, welcher Hund welcher ist?", staunt Lotta.

„Na, das steht doch auf dem Hundemantel!" Luis zeigt auf den Namenszug.

Abdul rappelt sich auf und feuert den Hund an.

„Los, Werni, such den Schatz!"

Berni kommt dazu und beide Hunde buddeln wie verrückt im Schnee. Plötzlich öffnet sich ein Fenster und Berta steckt den Kopf heraus.

„Kinder, scheucht die Hunde da weg. Da hat das geschossene Wildschwein gelegen. Ich will nicht, dass die Hunde nachher so fürchterlich stinken. Ich muss die dann wieder duschen und Wasser können sie nicht leiden."

„Ihh, ein totes Wildschwein!" Lotta wendet sich angeekelt ab.

Abdul formt einen Schneeball und wirft ihn.

„Hey Berni, Werni, fangt den Ball! Dann muss der Gersmann ein Gewehr haben. Das kann gefährlich werden!" Die Hunde stürmen dem Schneeball hinterher.

Luis schaut Abdul verwundert an.

„Wieso denn gefährlich? "

Abdul schaut zuerst zum Fenster, bevor er leise spricht.

„Gut, die Berta ist weg. Man kann nie wissen, ob die Jäger wirklich nur auf Wildschweine schießen. Vielleicht braucht der Gersmann das Gewehr auch, um den Schatz bewachen!"

„So ein Quatsch, Abdul!" Luis tippt sich mit dem Zeigefinger an die Stirn. „Du guckst zu viele Serien."

Doch Lotta schaut sich ängstlich um. „Meinst du wirklich?"

„Möglich ist das. Kommt, einen Versuch machen wir noch. Werni, hierher!" Abdul pfeift nach dem Hund und geht zur Scheune. Als der Hund ihn erreicht hat, hält er diesem noch einmal die Karte vor die Nase: „Sei ein braver Hund. Such!"

Werni beginnt an dem Heuballen zu scharren und winselt dabei. Luis und Abdul ziehen den Ballen zur Seite. Darunter befindet sich eine Klappe im Boden. Sie ist so groß wie mindestens zwei Erwachsene und mit einem Vorhängeschloss verriegelt.

„Was kann das sein?" Luis ruckelt an dem Schloss.

„Der Eingang zum Schatz!" Abdul ist sich sicher. „Aber wie kriegen wir das Schloss auf?"

„Und wenn Wilhelmina nicht weiß, dass der Schlüssel um ihren Hals doch in ein Schloss passt?", überlegt Lotta laut.

„Dann müssen wir diesen Schlüssel haben!", ergänzt Abdul.

Die Haustür öffnet sich und Mama verabschiedet sich von Herrn von Gersheim. Schnell macht Luis ein Foto und sie schieben den Heuballen gemeinsam wieder über die Klappe. Herr von Gersheim ruft seine Hunde und winkt den Kindern zu. Jetzt wird es keine Gelegenheit mehr geben, noch einmal mit Wilhelmina zu sprechen.

18. Dezember

Am nächsten Nachmittag haben die Kinder sich in der Weihnachtswerkstatt eine Menge zu erzählen. Joschua hat dafür gesorgt, dass ihnen dazu Zeit bleibt.

„Ich habe meinem Opa erzählt, dass wir erst ein bisschen Zeit für das Plakat brauchen. Hier", er hält ein weihnachtsrotes Plakat hoch, „er hat uns gleich eins besorgt."

„Heißt das, wir müssen jetzt wirklich das Plakat machen?" Abdul ist gar nicht begeistert.

„Haben wir doch in der Schule so vereinbart!" Sophie verdreht die Augen.

Lotta und Luis legen allerlei Material auf den Tisch: die Fotos vom Gut, die Karte von Wilhelmina, Lottas Notizen und die Schlüssel. Joschua hat gemeinsam mit seinem Opa ein paar Bilder von der lebendigen Krippe vom letzten Jahr ausgedruckt. Abdul spielt das Interview ab. Alle hören gespannt zu.

„Und wie machen wir daraus jetzt ein Plakat?" Aylin schaut die anderen fragend an.

„Wir kleben erst einmal die Fotos auf und dann schreiben wir etwas dazu", schlägt Sophie vor.

Damit sind sie eine Weile beschäftigt. Lotta dauert das zu lange.

„Wann können wir denn endlich die Schlüsselanhänger machen?"

„Mich würde ja viel mehr interessieren, wie wir an den Schlüssel für den Schatz kommen!" Abdul deutet mit dem Finger auf das Foto von Wilhelmina mit der Kette um den Hals.

„Und wenn beim Markt die Krippe in der Scheune ist, wie kommen wir dann überhaupt an die Klappe heran?" Luis sieht darin das viel größere Problem.

„Das wird bestimmt richtig schwierig." Lotta würde lieber aufgeben. „Und vielleicht sogar gefährlich, weil Herr von Gersheim ein Gewehr hat."

Abdul schlägt sich mit der Hand vor den Kopf.

„Der schießt doch nicht in die Krippe, Blödsinn! Da liegt doch der Willy drin, nee, so was macht der nicht!" Da ist sich Abdul sicher.

Opa Karl steckt den Kopf zur Tür herein.

„Wie sieht es aus, Kinder, können wir jetzt weiterwerkeln?"

„Ja, ich möchte heute Kettenanhänger machen. Das Vogelhaus ist fertig und du hast gesagt, wir dürfen alle paar Tage eine Station weitergehen."

Und so gießen Lotta und Luis heute Schlüssel in Kunstharz.

„Das sind aber ganz schön viele", bemerkt Opa Karl.

„Ja, die wollen wir auf dem Markt auf Gut Gersheim verkaufen und noch welche für uns und unsere Familien machen." Lotta freut sich über die schönen Schmuckstücke. „Das ist nämlich der Schlüssel, um in den Himmel zu kommen!"

„Oh, das ist aber ein kleiner Schlüssel für so eine große Sache." Opa Karl wundert sich. Lotta zeigt auf das Foto von Willy mit dem Bibelvers.

„Das ist nur ein Symbol, hat Wilhelmina gesagt. Sie klebt das auf so eine Karte."

„Na, dann brauchen eure Schmuckstücke vielleicht noch eine besondere Verpackung." Opa Karl holt eine Schachtel mit Samtsäckchen aus einem Schrank. Dann nimmt er ein Stück Papier und schreibt mit einem schwarzen Füller in wunderschönen Buchstaben: „Jesus sagt: ‚Ich bin der Weg, denn ich bin die Wahrheit und das Leben. Einen anderen Weg zum Vater gibt es nicht.' Frohe Weihnachten."

„Das kopiere ich euch bis morgen. Wie viele Schlüssel habt ihr denn?"

„1000!", haut Abdul raus und lacht. „Nee, so fünfzig."

Später räumen sie gemeinsam die Werkstatt auf. Als Opa Karl kurz hinausgeht, steckt Abdul die Original-Karte zurück in das Album.

„Vielleicht haben wir etwas übersehen?"

Luis nimmt die gemalte Karte und legt sie auf den Tisch. Gemeinsam überlegen sie, während sie die Karte noch mal genau anschauen.

„Wenn man diese Punkte in der Mitte verbindet, vielleicht kommt dann eine Zeichnung dabei raus. So etwas habe ich oft in meinem Rätselheft." Lotta zeigt auf die Mitte der Karte.

„Wir können es versuchen." Luis holt einen Bleistift aus der Schublade.

Lotta beginnt, die Punkte miteinander zu verbinden, die eng nebeneinander liegen. Die anderen Kinder sehen gespannt dabei zu. Jetzt können sie es alle erkennen.

„Eine Krone", flüstert Sophie. „Das ist wirklich 'ne Schatzkarte!"

19.
Dezember

Die vielen LED-Kerzen tauchen die Klasse heute Morgen in ein gemütliches Licht. Frau Meyer-Schön beginnt zu erzählen:

„Die Weisen hatten eine so lange und beschwerliche Reise hinter sich. Sie waren erschöpft, aber aufgeben wollten sie auf keinen Fall. Sie waren sich so sicher gewesen, den neuen, bedeutsamen König im Palast von Herodes anzutreffen. Aber sie hatten sich geirrt. Doch sie zweifelten nicht daran, dass der Stern sie richtig geführt hatte, dass es sich hier um den mächtigsten König aller Zeiten handeln musste.

Und so nahmen sie den Hinweis von Herodes' Beratern dankbar an und machten sich auf den Weg nach Betlehem. In Betlehem gab es keinen Palast, kein Königshaus. Betlehem war eine kleine unwichtige Stadt. Doch die Weisen glaubten fest ... und so fanden sie Maria und Josef mit Jesus in einem Stall.

Und waren sie enttäuscht, dass der König im schmutzigen Stall lag? Nein, sie knieten sich in das dreckige Stroh und beteten Jesus an. Sie packten ihre kostbaren Geschenke aus und gaben sie der Familie. Sie waren sich zu einhundert Prozent sicher: Das ist der König der Welt.

In der Nacht hatten alle drei Weisen den gleichen Traum: Sie sollten nicht zurück zu Herodes gehen, wie sie es versprochen hatten. Sie sollten ihm nicht von Jesus erzählen. Denn Herodes war ein böser Mann. Ihm war seine Herrschaft das Wichtigste. Und dafür war er bereit, jeden zu töten. Und so kam es auch. In der Bibel lesen wir: *‚Als Herodes merkte, dass die Sterndeuter ihn hintergangen hatten, wurde er sehr zornig. Er befahl, in Betlehem und Umgebung alle kleinen Jungen bis zu zwei Jahren zu töten. Das entsprach der Zeitspanne, die er aus den Angaben der Sterndeuter entnommen hatte.'*"

Lotta hält sich erschrocken die Hände vor das Gesicht.

„Oh nein, und was ist mit Jesus passiert?"

„Das erzähle ich euch morgen." Frau Meyer-Schön schaltet das Licht wieder an.

„Muss doch gut ausgehen", beruhigt Luis seine Schwester, „Jesus wird doch noch erwachsen, erzählt von Gott, macht ganz viele Wunder, stirbt am Kreuz und wird an Ostern wieder lebendig."

Am Nachmittag in der Weihnachtswerkstatt rätseln die Kinder weiter.

„Ich finde es immer noch blöd, dass wir nicht wissen, was die Zahlen und Buchstaben um die Krone herum bedeuten!" Luis schaut sich die Karte noch einmal an, als Opa Karl nicht im Raum ist.

„Vielleicht sollten wir doch meinen Opa fragen", schlägt Joschua vor.

Abdul klebt einem Tannenzapfen eine Mütze aus Filz auf.

„Das brauchen wir nicht. Dank Werni haben wir doch die Tür zum Schatz direkt gefunden. Das ganze Zahlen- und Buchstabenzeug ist was für Anfänger. Wir finden den Schatz einfach sofort!"

„Einfach wird das mal gar nicht, wenn da die Krippe draufsteht." Lotta kann sich gut an die Scheune erinnern. „Da können wir nicht reinspazieren und sagen: ‚Entschuldigung, können Sie mal zur Seite gehen? Wir möchten hier einen Schatz finden. Sie können ja so lange woanders ihr Krippen-Theater aufführen!'"

Sophie lacht.

„Wir machen das, bevor der Markt öffnet. Ich war schon mal mit meinem Opa dort. Wir müssen alles aufbauen, bevor die Leute kommen. Dann ist da ein riesiges Durcheinander. Überall laufen Menschen herum, brauchen Strom, räumen Kisten aus. Da merkt niemand, wenn wir die Klappe öffnen", fällt Joschua ein.

„Und wie öffnen wir die Klappe? Wir können Wilhelmina nicht den Schlüssel vom Hals reißen und sagen: 'tschuldigung, den brauchen wir mal kurz!'", gibt Luis zu bedenken.

„Wir basteln uns einen Dietrich!" Abdul hat die Lösung. „Das hab ich schon tausend Mal im Film gesehen. So knacken die jedes Schloss. Joschua, wo hat dein Opa Draht oder Büroklammern?"

Joschua findet beides und Abdul lässt es gerade in seiner Tasche verschwinden, als Opa Karl wieder den Raum betritt.

20.
Dezember

Am nächsten Morgen lauschen die Kinder gespannt, wie die Geschichte über Jesus weitergeht:

„Noch bevor Herodes seine bösen Pläne verwirklichen konnte, schickte Gott Josef einen Traum. Das war nicht der erste Traum, den Josef von Gott bekam. Und so wusste er: Auf diesen Traum kann ich mich verlassen. Gott forderte Josef auf, mit Maria und Jesus nach Ägypten zu fliehen. Auch dazu hatte der Prophet Hosea schon Hunderte Jahre zuvor eine Vorhersage gemacht."

Frau Meyer-Schön schlägt die Bibel wieder auf. „Und so wurde Jesus vor Herodes gerettet: *‚Da stand Josef auf, mitten in der Nacht, nahm das Kind und seine Mutter und floh mit ihnen nach Ägypten.'* Sie flohen in das Nachbarland und kamen erst wieder, als alles vorbei war."

„Krasse Story!" Abdul ist beeindruckt.

„Warum haben diese Berater von Herodes das mit Ägypten nicht rausgefunden?" Luis will das jetzt ganz genau wissen.

„Sie haben nicht danach gesucht. Sie dachten, die Sache wäre erledigt, wenn sie alle Jungen töten, die als König infrage kommen. Sie dachten, sie sind schlauer als Gott." Frau Meyer-Schön klappt die Bibel zu.

„Schlauer als Gott ist doch niemand!" Da ist sich Lotta ganz sicher.

„Das haben Herodes' Nachkommen auch festgestellt, spätestens als Jesus ungefähr dreißig Jahre später anfing von Gott zu erzählen, Menschen zu heilen und Wunder zu tun", ergänzt die Lehrerin.

„Da haben die aber blöd geguckt!" Abdul kann sich das gut vorstellen.

In der Pause nimmt Abdul die Kinder mit zum Schuppen auf dem Schulhof. Er fummelt in seiner Tasche herum und holt ein Drahtgebilde heraus.

„Ich hab bestimmt hundert Videos geguckt, wie man ein Schloss knackt. Hier an dem Schuppen-Schloss kann ich probieren, ob das klappt!"

Lotta schaut sich ängstlich um.

„Das gibt bestimmt Ärger, wenn wir erwischt werden!"

„Wir lassen uns nicht erwischen. Außerdem wollen wir doch nix klauen, sondern nur üben. Lotta, Sophie und Aylin, ihr schiebt Wache. Wir Jungs versuchen, das Schloss zu knacken", befiehlt Abdul.

Die Mädchen beobachten den Schulhof. Die Aufsicht ist nicht zu sehen und die meisten Kinder spielen weiter entfernt. Niemand scheint sich dafür zu interessieren, dass sie am Schuppen stehen.

„So 'n Mist", brummt Abdul plötzlich. „Der Draht ist abgebrochen."

„Dann hol ihn da wieder raus, sonst passt der Schlüssel nicht mehr und das gibt richtig Ärger!" Luis ist es unangenehm, wenn etwas kaputt geht.

„Wie denn, du Schlaumeier?" Abdul stochert mit dem Rest des Drahtes in dem Schüsselloch herum. Doch da bewegt sich nichts. Die Mädchen kommen näher, um sich das anzuschauen.

„Der Draht guckt doch da raus. Da brauchst du 'ne Pinzette." Sophie schiebt ihren Kopf ganz nah an das Schloss.

Abdul verdreht die Augen.

„Wo soll ich die denn herkriegen?"

Aylin greift in ihre Jackentasche und holt ein kleines Nageletui heraus.

„Das hatte ich heute Morgen in meinem Adventskalender, cool was? Da ist eine Pinzette drin! Lasst mich mal."

Vorsichtig ruckelt Aylin mit der Pinzette an dem Stück Draht. Mehrmals rutscht sie ab, doch endlich kann sie den Draht herausziehen.

„Was macht ihr denn hier!" Plötzlich steht ein Lehrer hinter den Kindern.

Aylin lässt vor Schreck die Pinzette fallen. Abdul bückt sich schnell und holt sie aus dem schmutzigen Schnee.

„Ich hab sie. Die Aylin hat ihre Pinzette verloren. Die war voll traurig, weil sie die erst heute in ihrem Adventskalender hatte. Aber nun isse ja wieder da!"

„Dann ist ja alles gut. Und ich dachte schon, ihr wolltet das Gartenhausschloss knacken." Der Lehrer geht wieder zurück auf den Schulhof.

21.
Dezember

Mittlerweile haben alle die Geschenke für ihre Familien gebastelt. Auch die Schmuckanhänger mit den Schlüsseln darin sind fertig und hübsch verpackt. Abdul hat mehrere Male versucht, ein Schloss zu knacken. Dazu hat er sich ein ähnliches Schloss besorgt wie auf Gut Gersheim. Es ist ihm allerdings erst einmal gelungen, das Schloss zu öffnen.

Morgen ist es endlich so weit, der Weihnachtsmarkt auf Gut Gersheim beginnt. Während Opa Karl damit beschäftigt ist, das Auto zu beladen, räumen die Kinder die Werkstatt auf. Dabei gehen sie ihren Plan noch einmal ganz genau durch. Abdul hat eine Karte von dem Innenhof gezeichnet.

„Luis, ich und Lotta kommen zusammen an. Während Lotta ihrer Mama beim Aufbauen hilft, versuche ich, das Schloss zu öffnen, und Luis steht Schmiere."

„Die lebendige Krippe wird aber bestimmt auch schon aufgebaut", gibt Lotta zu bedenken.

„Da kommen dann Sophie und Aylin ins Spiel. Joschua wird sicher seinem Opa helfen müssen. Aber die Mädchen können viele Fragen stellen und vielleicht den kleinen Willy anhimmeln. Das machen Mädchen doch immer!" Abdul hat sich alles überlegt.

„Babys sind aber auch zu süß." Sophie freut sich schon auf den kleinen Willy.

Luis fegt die Sägespäne zusammen.

„So wie du das erzählst, klingt das viel zu leicht. Was ist denn, wenn Herr von Gersheim uns erwischt?"

Aylin reißt die Augen auf.

„Ja, der hat doch das Gewehr!"

„Hab ich schon geplant: Wir nehmen die Hunde als Geisel. Der Werni, der hört doch auf mich, und ich kann dem Gersmann bestimmt erklären, dass ich in dem Trubel auf seine Hunde aufpasse. Und wenn der uns dann drohen will, dann schnappe ich mir den Hund!" Abdul klatscht in die Hände.

Lotta erschrickt.

„Und du meinst, der Hund bleibt dann einfach bei dir und geht nicht zu seinem Herrchen?"

Abdul notiert auf seinem Plan.

„Hundeleine und Hundeleckerchen, das besorge ich noch von meinem Onkel."

„Wenn wir jetzt wirklich einen Schatz unter der Klappe finden, wie kriegen wir den denn unbemerkt da weg?" Luis ist immer noch nicht überzeugt.

„Was ist jetzt, Luis, willste alles schlechtmachen, oder was?" Abdul stemmt die Hände in seine Seiten.

„Ich finde es gut, dass Luis solche Fragen stellt", kommt Sophie ihm zur Hilfe. „Jetzt können wir das noch vorbereiten, morgen ist es dann zu spät."

Lotta schaut sich in dem Raum um.

„Vielleicht können wir die Decken von dem Sofa mitnehmen? Es wird doch bestimmt kalt auf dem Weihnachtsmarkt, dann ist es immer gut, Decken dabeizuhaben."

„Ja, das machen wir! Und damit sind jetzt alle Fragen beantwortet!" Abdul möchte, dass es endlich losgeht.

Früh am nächsten Morgen weckt Mama die Zwillinge. Verschlafen sitzen sie am Frühstückstisch. Mama hat warmen Kakao gemacht.

„Ich freue mich richtig, dass ihr mir dieses Jahr auf dem Stand helfen möchtet. Und ich bin mal gespannt, wie sich eure Anhänger mit den Schlüsseln verkaufen lassen."

„Da gibt es bestimmt viel zu gucken. Vielleicht helfen wir dir immer abwechselnd. Ich will zuerst!" Lotta denkt an Abduls Plan.

„Ja, prima, dann kann ich mit Abdul ein bisschen rumgehen. Wo bleibt Abdul denn?" Luis wird unruhig. Doch da läutet es auch schon an der Haustür und kurz darauf sitzen alle eingequetscht zwischen Kisten und Körben im Auto.

Der Weihnachtsmarkt liegt noch im Dämmerlicht, als sie ankommen. Überall sind Leute damit beschäftigt, ihre Buden einzuräumen. Nur mit Mühe findet Mama einen Parkplatz. Die Kinder steigen aus und versuchen, Opa Karl und ihre Freunde zu entdecken. Doch die scheinen noch nicht da zu sein.

Berni und Werni laufen gerade am Auto vorbei und Abdul lockt die Hunde an. Werni scheint tatsächlich begeistert von Abdul zu sein. Er lässt sich anleinen und schnüffelt an Abduls Tasche.

„Feiner Hund, gleich gibt's ein Leckerchen. Los, Luis, jetzt oder nie!"

Lotta schaut ihrem Bruder und Abdul hinterher, während sie mit Mama Kisten in die Verkaufsbude trägt.

22.
Dezember

Luis und Abdul drängen sich mit Werni durch die Leute, Autos und Kisten bis zur überdachten Scheune. Gerade werden hier Schafe von einem Viehhänger heruntergetrieben. Die Scheune ist mit Stroh und Heu ausgelegt und eingezäunt. Die aufgeschreckten Schafe laufen darin umher und für Luis und Abdul ist es unmöglich, an die Klappe heranzukommen.

„Hey, Randolf, gib den Schafen noch was zu fressen, dann beruhigen die sich schnell und machen es nachher den Krippenspielern einfacher!" Ein Mann klappt den Anhänger wieder zu.

„Dürfen wir das machen?" Abdul strahlt den Mann an.

„Von mir aus, aber den Hund müsst ihr irgendwo anbinden. Schafe mögen keine Hunde, die sie nicht kennen." Der Mann reicht Luis zwei Eimer mit Futter und Abdul bindet Werni schnell an einen Pfosten.

Als die Jungen den Schafspferch betreten, drängen sich die Schafe so stürmisch um die beiden Jungen, dass Luis und Abdul kaum das Gleichgewicht halten können. Abdul schüttet den Inhalt seines Eimers möglichst weit entfernt von der Klappe auf den Boden. Die Schafe rennen alle dorthin.

„Los, stell dich vor mich, Luis. Und halt mir mit deinem Futter die Viecher vom Leib." Abdul kniet sich auf den Boden und beginnt, das Stroh zur Seite zu schieben, um die Klappe zu finden. Die ersten Schafe kommen auf Luis zu und wollen etwas aus seinem Eimer haben.

„Hallo, Luis und Abdul, schön, dass ihr wieder hier seid. Hast du was verloren, Abdul?" Wilhelmina steht plötzlich vor Abdul, mit Willy auf dem Arm. In diesem Moment schlüpft Sophie durch Zaun.

„Hallo, Frau von Gersheim, ist das der Jesus-Willy? Der ist aber süß, darf ich den mal auf den Arm nehmen?"

Wilhelmina zögert kurz.

„Warum nicht. Setz dich dort auf den Heuballen, dann kannst du ihn halten. Ich helfe Abdul beim Suchen." Sie legt Sophie das Baby in den Arm und kniet sich auf den Boden.

„Was hast du denn verloren?"

Abdul hebt die Hände und Tränen steigen in seine Augen.

„Ich geb auf, Alter. Wir haben uns so mega vorbereitet, aber es kommt immer was dazwischen. Ich hab keinen Bock mehr. Du kannst deinen Schatz behalten."

Abdul zieht die Schatzkartenkopie aus der Tasche und wirft sie auf den Boden. Wilhelmina nimmt die Karte.

„So eine ähnliche Karte habe ich letztes Jahr auf dem Markt verschenkt. Woher hast du die?"

Luis dreht sich zu den beiden um. „Wir haben so eine Karte in einem Fotoalbum gefunden und abgemalt. Wir dachten, es ist eine Schatzkarte. Aber mit den Zahlen und Buchstaben konnten wir nichts anfangen. Wir haben nur rausgefunden, dass es irgendwie um eine Krone geht. Und nun versucht Abdul, die Klappe im Boden zu öffnen, weil wir glauben, dass der Schatz da drin ist."

Wilhelmina lächelt die Kinder freundlich an.

„Ja, ihr habt recht. Es geht um einen Schatz, genauer gesagt um einen König, deshalb die Krone.

Die Buchstaben und Zahlen sind Bibelstellen, die von Jesus sprechen. Die meisten davon wurden Hunderte von Jahren vor seiner Geburt aufgeschrieben."

„Das hat unsere Lehrerin schon erzählt." Lotta ist gemeinsam mit Aylin und Joschua auch dazugekommen. „Aber, dass die Buchstaben und Zahlen Bibelstellen sein sollen, darauf sind wir nicht gekommen."

„Warum eigentlich nicht?" Abdul hat seine Sprache wiedergefunden. „Dann hätten wir uns das alles schenken können!"

„Aber wie es aussieht, hat es euch doch eine Menge Spaß gemacht. Und eigentlich seid ihr auf der richtigen Spur." Wilhelmina holt eine Futterkrippe aus der hinteren Ecke, stellt sie genau auf die Klappe und legt den kleinen Willy hinein. „Jesus ist der Schatz, weil er unser Leben unendlich reich machen will."

„Und wie geht das?" Sophie betrachtet den kleinen Willy in der Futterkrippe.

„Indem wir seine Freunde werden. Er ist ein wunderbarer Ratgeber, starker Gott, ewiger Vater und Friedensfürst!", erklärt Wilhelmina.

„Das hat Jesaja gesagt", weiß Lotta noch.

„Genau, Jesaja neun, Vers fünf, und auf eurer Karte steht ‚Jes 9.5'." Wilhelmina zeigt auf die Stelle der Schatzkarte.

23.
Dezember

„Also ist die Freundschaft mit diesem Jesus der Schatz, nach dem wir gesucht haben." Abdul kratzt sich nachdenklich am Kopf.

Wilhelmina fasst sich an den Schlüssel um ihren Hals.

„Genau. Erinnert ihr euch an meinen Lieblingsvers aus dem Buch Johannes, Kapitel vierzehn, Vers sechs?"

Luis zeigt mit dem Finger auf die Schatzkarte.

„Hier steht ‚Joh 14.6'."

„Richtig. Jesus' Freunde kommen in den Himmel!" Wilhelmina nimmt Willy wieder auf den Arm.

„Und wie wird man ein Freund von Jesus?", will Sophie wissen.

„Indem man ihn kennenlernt, wie jeden anderen Freund auch. Alles, was man über ihn erfahren kann, steht in der Bibel. Und wenn man das gut findet, kann man Jesus sagen, dass man sein Freund sein möchte", erklärt Wilhelmina.

„Das ist alles? Einfach so: Hey, Jesus, ich will dein Freund sein?" Abdul staunt.

„Ja, einfach so. Jesus freut sich darauf." Wilhelmina nickt.

Werni findet, dass er jetzt lange genug angebunden ist, und bellt laut.

„Feiner Hund. Dich hab ich ganz vergessen." Abdul bindet den Hund los.

„Ich geh mal wieder zu meinem Opa, der braucht bestimmt noch Hilfe." Joschua macht sich auf den Weg.

„Oh ja, ich habe Mama gesagt, ich hol dich schnell, Luis, weil sie noch mal zum Gutsherrn muss und wir zu zweit auf den Stand aufpassen sollen", fällt Lotta ein.

„Wir können doch einen Jungs- und einen Mädchenstand machen", schlägt Aylin vor.

Damit sind alle einverstanden. Die Kinder helfen fleißig beim Verkaufen. Irgendwann hat Joschua die Idee:

„Lasst uns doch mit den Schlüsseln rumgehen. Wir verkaufen sie für fünf Euro."

„Joa, wir sagen, das ist für einen guten Zweck, dann kaufen die Leute sofort!" Abdul ist sich da sicher.

„Aber dann sollte es auch für einen guten Zweck sein. Wir können doch zwei Euro für diesen Brunnen geben und drei sind für uns", schlägt Luis vor.

„Machen wir, das ist fair!" Abdul schießt los und spricht jeden Besucher direkt an. Innerhalb von einer Stunde sind alle Schlüssel verkauft.

„Kommt, lasst uns gucken, ob die Mädchen noch welche haben!" Abdul steuert schon auf den Stand zu. Tatsächlich haben diese noch ein paar Schlüssel übrig. Und so gehen die sechs Kinder gemeinsam herum. Gerade als der letzte Schlüssel verkauft ist, beginnt das Weihnachtstheater der lebendigen Krippe. Die Kinder suchen sich schnell einen Platz.

Gespannt hören sie zu, wie die Hirten sich über Jesus unterhalten und geblendet von einem hellen Licht auf die Erde fallen. Der kleine Willy beginnt zu schreien, als sich so viele Hirten über die Futterkrippe beugen, und muss von seiner Mama getröstet werden. Luis erkennt Herrn von Gersheim sofort als einen der Weisen mit den kostbaren Geschenken. Wilhelmina, die Maria im Krippenspiel, wendet sich an die Leute.

„Wir wünschen Ihnen ein gesegnetes Weihnachtsfest im Namen von Jesus. Er sagt: *‚Ich bin der Weg, denn ich bin die Wahrheit und das Leben. Einen anderen Weg zum Vater gibt es nicht.‘* Und damit lädt er uns alle ein, in Frieden und Freundschaft mit ihm zu leben."

Die Zuschauer klatschen Beifall. Die Kinder warten, bis es leerer geworden ist, bevor sie zu Wilhelmina gehen.

„Wir haben alle Schlüssel verkauft und möchten einen Teil des Geldes für den Brunnen geben." Luis öffnet die Gelddose.

„Genau, wir geben die Hälfte!" Abdul erhöht spontan den Anteil. „Luis, du bist der beste Rechner. Wie viel ist das?"

Luis schüttet das Geld in die Krippe und staunend schauen die Kinder auf die vielen Scheine.

„Wir haben 250 Euro eingenommen. Die Hälfte sind 125 Euro!", gibt Luis bekannt.

„Das finde ich großartig von euch, Jungs. Vielen, vielen Dank!" Wilhelmina freut sich sehr.

„Und das restliche Geld wollten wir doch Opa Karl geben für die Weihnachtswerkstatt", überlegt Lotta.

„Aber nur, wenn wir uns vorher alle noch Pommes kaufen können. Ich hab mega Hunger!" Abdul zeigt auf den Pommesstand neben der Scheune.

24.
Dezember

Am Sonntagabend treffen sich die Kinder ein letztes Mal in der Weihnachtswerkstatt. Zuerst haben sie Opa Karl dabei geholfen, alles vom Markt wegzuräumen. Nun sitzen sie gemütlich um den kleinen Tisch herum und trinken Punsch. In der Mitte liegt das Plakat für die Schule.

„Also, ich finde, wir sollten die abgemalte Karte hier noch draufkleben", meint Lotta.

„Ja, und wir können die Bibelstellen raussuchen und dazuschreiben. Hast du eine Bibel, Opa?" Joschua schaut seinen Opa an. Der öffnet eine Schublade unter dem Tisch und holt seine Bibel heraus. Gemeinsam schlagen sie die Verse nach. Die meisten kennen sie schon aus der Schule. Abdul staunt.

„Wieso weißt du bei so 'nem dicken Buch, wo du suchen musst?"

„Ich lese jeden Tag in dem dicken Buch und damit lerne ich es immer besser kennen", antwortet Opa.

„Bist du ein Jesus-Freund?" Abdul will es jetzt genau wissen.

„Ja, das bin ich. Ich habe mir das gut überlegt und bin zu dem Schluss gekommen, dass ich mit Jesus nur gewinnen kann." Opa Karl schlägt wieder eine Bibelstelle auf.

„Und wie lange hat das gedauert, bis du das wusstest?" Nun ist Sophie auch neugierig geworden.

„Ich war siebzehn, als ich mich für Jesus entschieden habe", Opa Karl kann sich noch genau erinnern. „Ich hatte plötzlich eine so große Sehnsucht nach dieser Freundschaft mit Gott, da habe ich Ja gesagt."

„Hmm, muss ich mal drüber nachdenken. So, jetzt lasst uns das Plakat fertig machen." Abdul zeigt auf den Tisch.

„Ich habe noch Fotos von der lebendigen Krippe mit uns zusammen drauf gemacht und ausgedruckt. Die können auch noch dazu." Luis legt die Fotos auf den Tisch.

„Dann wird das ein mega Plakat!" Abdul freut sich. „Wir haben für dich aber auch noch was Krasses!" Abdul überreicht Opa Karl die Gelddose. „Wir sagen einfach mal Danke für die supertollen Geschenke, die wir hier gebastelt haben, den Punsch und die Kekse und so!"

„Das ist aber lieb von euch. Mir hat es mit euch auch sehr viel Spaß gemacht. Das können wir gerne nächstes Jahr wieder machen." Opa Karl schaut die Kinder überwältigt an.

Am nächsten Morgen hat Frau Meyer-Schön sehr viele LED-Kerzen eingeschaltet.

„Heute werden uns einige Kinder ihr Plakat vorstellen. Sie haben die ‚lebendige Krippe' zum Thema. Ich bin gespannt, was ihr vorbereitet habt."

Lotta und Luis kommen mit ihren Freunden nach vorne. Sophie und Joschua halten das Plakat so, dass alle es sehen können. Lotta beginnt zu erzählen.

„Meine Mama und Joschuas Opa verkaufen jedes Jahr schöne Sachen auf dem Weihnachtsmarkt auf Gut Gersheim. Dort gibt es auch eine lebendige Krippe. Da wird die Weihnachtsgeschichte von Jesus mit lebendigen Tieren und Menschen dargestellt. Es gibt sogar ein echtes Baby."

„Den Willy-Jesus!", ergänzt Abdul. „Willy heißt der in echt und Jesus is' er in der Krippe. Wir sind da extra hingefahren, um ein Interview mit dem Gersmann und der Wilhelmina zu machen. Die ist nämlich die Mutter von Willy und für die lebendige Krippe zuständig. Und die hat uns dann erklärt, dass man Jesus als Freund haben kann und dass der den Schlüssel für den Himmel hat. Und den hat sie am Wochenende verschenkt. Wir haben den für fünf Euro verkauft, aber das Geld war alles für einen guten Zweck: für einen Brunnen und für die Weihnachtswerkstatt."

Einige Kinder melden sich. Abdul nimmt einen Jungen dran:

„Ja, Justus."

„Also, das mit dem Schlüssel habe ich nicht kapiert. Ich glaube nicht, dass es so einen Schlüssel für den Himmel gibt, denn der wäre bestimmt wahnsinnig teuer." Justus ist sich da sicher.

Abdul grinst wissend.

„Ja, stimmt. Aber der Schlüssel is schon von Jesus bezahlt, deswegen gibt's den für uns for free! Das is'n Freundschaftsangebot von dem Jesus. Und jeder kann den kennenlernen. Und wenn'e dich mit dem anfreundest, dann ist der sozusagen der Schlüssel für'n Himmel!"

Diese Seiten
darfst du erst
am 10. Dezember öffnen.

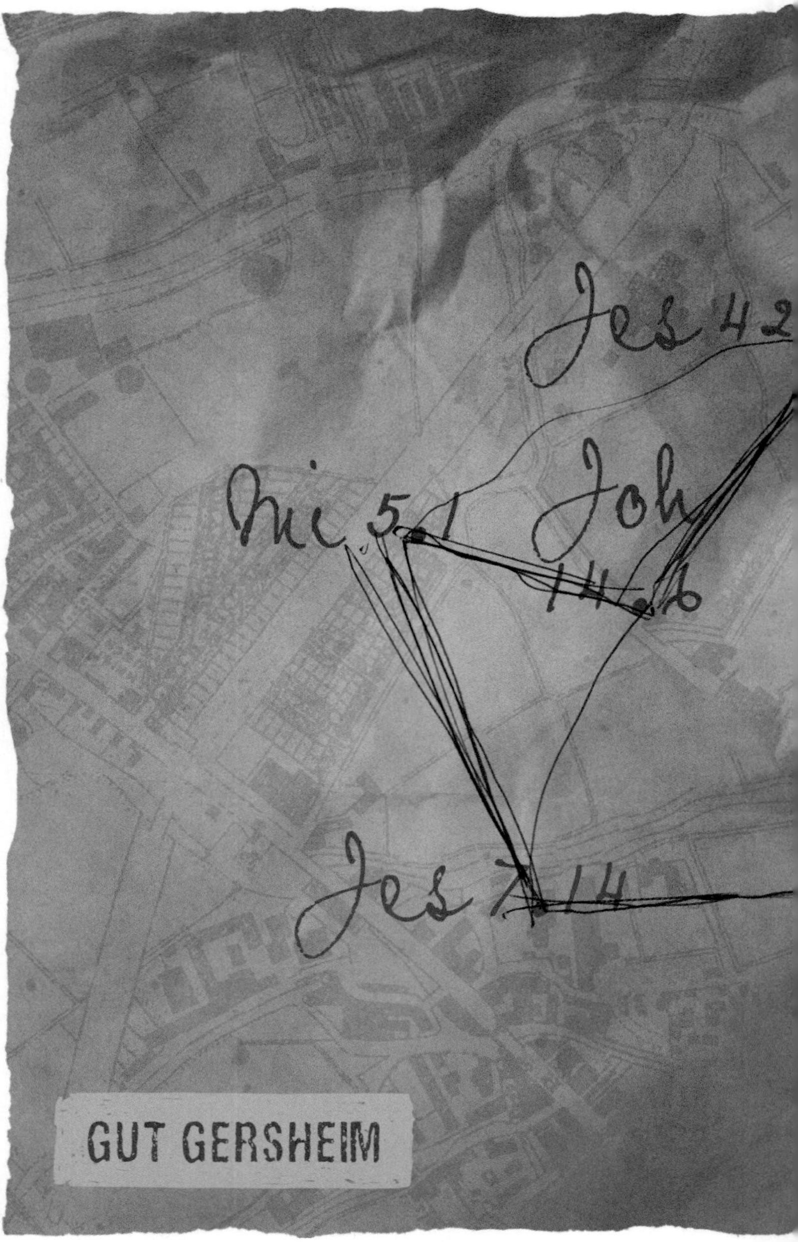
Jes 42
Mi 5,1
Joh 14,6
Jes 7,14
GUT GERSHEIM

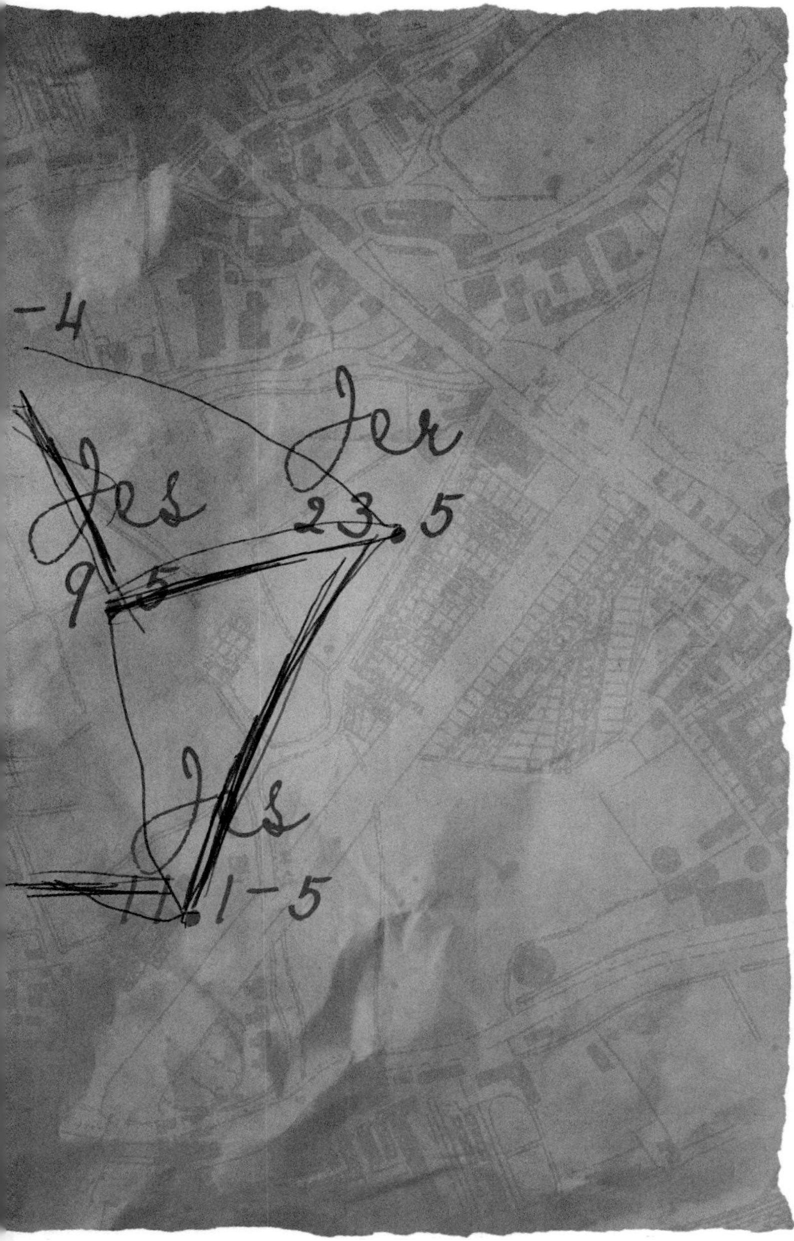
-4
Jer
Jes
23.5
9 5
Jes
11
1-5